管理之道

王小丹◎著

为\无\为　则\无\不\治

民主与建设出版社
·北京·

图书在版编目（CIP）数据

管理之道 / 王小丹著. ‒‒北京：民主与建设出版
社, 2023.6

ISBN 978-7-5139-4261-4

Ⅰ.①管… Ⅱ.①王… Ⅲ.①管理学 Ⅳ.①C93

中国国家版本馆 CIP 数据核字（2023）第 111739 号

管理之道

GUANLI ZHI DAO

著　　者	王小丹	
责任编辑	刘树民	
封面设计	金　刚	
出版发行	民主与建设出版社有限责任公司	
电　　话	（010）59417747　59419778	
社　　址	北京市海淀区西三环中路 10 号望海楼 E 座 7 层	
邮　　编	100142	
印　　刷	文畅阁印刷有限公司	
版　　次	2023 年 6 月第 1 版	
印　　次	2023 年 7 月第 1 次印刷	
开　　本	880 毫米×1230 毫米　1/32	
印　　张	8	
字　　数	110 千字	
书　　号	ISBN 978-7-5139-4261-4	
定　　价	49.00 元	

注：如有印、装质量问题，请与出版社联系。

前言
PREFACE

天下熙熙皆顺道来，天下攘攘皆因道往。

从古到今，中国人把通往一切正确的路径，称为道。千百年来，从老子的《道德经》一路到今天的管理学，都在探索正确的管理之道。

本书是在取法于中国道家智慧的基础上，结合我多年的所学所悟，加以集合整理而成，用以分享给同样在管理之路上前行的朋友。

中国的管理之道，应该是人生之道。一个德配其位的管理者，应该有统一的人生道理，用来同时完成修齐治平的最高理想。

从今天的实际出发，不管天下的管理学读物如何五花八门，其根本的宗旨，我觉得还是在我们的传统经典之中。

执古之道以御今之有。传统经典中蕴含的哲理，在今天依然可以作为正确的总体指导，所以我们可以从经典出发，取法古圣先贤的智慧，用来改善我们的管理思想，共同学习与感悟今天的足与不足，然后把正确的管理之道传承下去。

人生的道路注定是在修正中走向更远的，不管未来会遇见多少风雨，相信只有心中有了不变的大道，才能应对好这个变化万千的世界。

欢迎同学、朋友，随我一起走进感悟的世界。接下来的文字，我希望大家可以清静地读下去，也许读懂了管理之道，大家也会像我今天一样，感恩祖先的智慧，幸运自己是一个中国人。

目 录
CONTENTS

第三章　提升管理能力之道

第四章　提升管理者修为1

第七章　管理精髓

管理之道

第一章

管理是什么

管理是一

天地人是一体，阴阳是一体，悲喜是一体，爱恨是一体。世间全部存在，易经说是一阴一阳谓之道。

管理是一，因为世界是一个对立统一的整体。团队是一，因为团队是互补统一的整体。每个人和所有是一，所以古人说天人合一是真理。

正因为人与所有是相对而统一的存在，所以管理学的最高智慧是和谐所有人，和谐万事万物。能否组建和谐统一团队，是管理者的成败标准。

《道德经》中，老子有言："道生一，一生二，二生三，三生万物。"道生一，意思是：道是一个最大的整体，道也是任何整体系统的全部。能够看出各个成员的整体互补可能，也就找到了组建团队的秘诀。这里重点在于，你有没有认识到一切是一。

人类的任何进步发展，都是在认识更大整体的一，并了解构成这个一的组合方法、方式的过程。而对于每个人，想要提升智慧，第一重要的事，就是认识杂多物象、人事中的一。

例如，祖国的中医，认识到人与食物和自然万物之间，存在着高度互补的统一关系，从而总结出辨证施治的维护人体健康医学。

再比如，过去我们认为老虎狮子就是该被消灭的动物，而现在我们要保护生物的多样性。这些都是充分地认识到自然万物是一个整体，总体上我们应该互补与协作发展，而不是消灭对方而发展自己。

管理者的日常修行，是要去不断发现团队内部的思想动态，有没有更好统一的可能，把团队理解成一个有机的生命体，而不是把团队看作挣钱的工具。

管理者是如何深爱一个团队的？就在于他懂得了他的团队就是他的大我。

无论是教育一个人爱家爱国还是爱天下，都要让他充分认识到，看起来千差万别的所有，其实是一个有机的系统。

和谐社会是几千年来，无数中国人梦寐以求的社会状态。和谐的根本，就是一个有机系统健康发展的一。

认识到我与世界本身是一，就有了天人合一的思想。古人为什么去画山水，为什么去写风写雨？因为他们懂得，只有通过热爱外面的世界，才能自在内在的内心。滋养身心的法则，第一条就是物我合一，天人合一。不断去爱其他人和事，才能理解人和事，才能做到你与整体更和谐相处，从而真正提高你的管理智慧。

管理者最容易犯的错误，是有了分别心后，没有了统一心，或者有了统一思想，却没有分别对待好整体内部各个部分特殊性的能力。只有看到那个内部互补的一，并且会运用这个一，才能长久做好管理。

　　具体应用例如，无论你与谁合作，想充分和谐相处，第一重要的把握，就是把你和他理解成一个系统。不管是父子之间、朋友之间，还是夫妻之间、同事之间，只要有互动合作，一定是想在一个整体系统里谋求共赢。

　　而管理首先从一开始，这是做好管理者的第一堂课，人生也是如此！

管理是二

道生一，一生二。何为二？二是阴阳。

在男人与女人共同构成的人类中，男人偏阳刚，女人偏阴柔。这是我们祖先很早的发现，而直到今天，依然可以有效地指导我们理解男女关系。

每一天分为日夜，日夜就是阴阳。每一年有春夏秋冬，春夏阳气盛，秋冬阴气盛。每个人的身心也同在阴阳二气的作用下运转，情绪有阴晴，心态有阴阳，就算走路都是一条腿前进，呈阳气态势，另一条腿支撑重心，呈阴气维稳态势。

一阴一阳谓之道，是说任何一个整体系统，都可以在其中找到阴阳二气的运转态势。想做好管理，就是要在所有事件和人之中，看出阴阳二性的作用和关系。

由于所有的存在，其根本关系都是阴阳相生关系，故中国古代有了阴阳相克相生理论。西方的原子理论的正负电效用，以及辩证法的核心，都是针对存在本身的阴阳作用做出的总结。

在管理学中，我们每时每刻发现的问题本身都是阴阳问题。要看出事物存在与发展的主要矛盾，解决了主要矛盾，次要矛盾便会迎刃而解。这个主要矛盾，就是通过观阴阳变化来发现的。

管理者在一个团队之中，每天都面对着诸多矛盾，比如更高的发展目标和现状的矛盾，比如大力改革和平安稳定的矛盾。认识到万物万事的阴阳变化，就一定要清楚，人类不能消灭任何矛盾，只能化主要矛盾为次要矛盾，或者说只能去和谐所有极端运转的阴阳二气。

做任何事，都应该用观阴阳二性的认知方式，力求透过事物表象，观察到事物发生发展的必然根本，这个根本就是阴阳变化。

目前管理学比较重视各种激励，如股权激励、金钱激励，等等，但不论用何种激励，都不能不识阴阳变化。能否保证企业团队的生存与发展，最重要的是，面对任何风浪，看你能否解决好主要矛盾。

力图发展，一定要稳定人心，这其实是阴阳同时把握。发展是要调动阳刚之气，稳定人心是用阴柔之爱来关怀，二者不可或缺。而常人最容易求发展而忘了稳定，求稳定而忘记了发展。曾经的左倾机会主义、右倾逃跑主义，就是典型的求阳而失阴、求阴而失阳的错误。

对于任何一个企业或团队，永远存在着最主要的阴阳关系，即发展和维稳。想要高速发展，就一定要做好阴柔工作。欲达千里，先安其心。

什么是中国易经中的二呢？二就是阴阳。

第一章我所谈的如果是抱一的智慧，那么第二章我所谈的就是识二的智慧。

　　熟悉这个二，才能把握好任何变化。比如想和谐好男女关系，就要准确了解男阳女阴的特点。男偏阳，故喜欢开拓创新；女偏阴，故喜欢稳定温和。小孩子中，大多数男孩喜欢竞技类、战争类游戏，而女孩更偏爱阴柔、安静类的游戏。

　　在管理学中，任何识人用人的理论，其本质要抓住的根据都是阴阳二性的差别性和统一性。比如人类可以被分成喜安稳型和喜开创型，也可以被分为阳光型和阴郁型，这些最根本的区分，每个人都知道，但有的人却不知道，这正是古老的智慧——一阴一阳谓之道。

　　懂得了一阴一阳的运动转化规律，便可以改变性格，改变命运固定走向。

　　对于管理者，要掌握如何把握阴阳变化，从知变到应变再到创变，这样就可以最大限度地顺其自然，实现因性利导、因势利导。

管理是三

《道德经》有言："道生一，一生二，二生三，三生万物，万物负阴抱阳充气以为和。"

初步认识了一和二，那么二是怎么生的三呢？原来，三是一种能力，是二的能力。负阴抱阳充气以为和，便是这个三的能力运作方式。

负阴抱阳充气以为和，就是万事万物的根本能力，这个能力又可以被叫作和谐阴阳能力，而灵魂的根本就是这个能力。

古人把三叫三才，意思是，三是一种才能。古往今来到处都在说修行，修的是什么？行的是什么？答案就在这，修的是三，行的是三。

从抱一观二，到修三，是古往今来一切能力最简单的概括。人与人之所以不同，根本原因就在于三的和谐能力不同。中国古代文人墨客之所以练习对仗——天对地，云对风，等等，就是在修炼和谐阴阳的能力。只有这个根本能力提升了，才是智慧的提升。

做为管理者，如果不能按照正确的道来修炼，就算拥有了很多知识，终究不能处理好变化万千的问题，缘于没有观一识二用三的能力。

不能抱一，就不能站在整体角度去爱；不能识二，就不能找到主的阴阳关系；不能用好三，就不能充分地和谐整体从而做出决策。

当今很多人不懂什么是幸福，幸福就是你感受到了更大整体与你和谐。比如与家人的幸福，就是同家人不断去和谐互动，并且有所得。

不断发现整体的和谐关系或和谐的更好方式，并且通过我们的努力实现更和谐的发展，便是管理者真正的幸福。

怎么修炼阴阳和谐能力？第一要修炼的是让心态达到和谐运转。第二要修炼的是让行为和谐相处。第三要修炼的是让服务和谐升级。

今天太多人对修行有所误解，认为修行就是去吃苦，或认为修行就是逃离红尘社会。

其实自古以来的真正修行，就是修行这个三，从个人维度叫修身养性，从家庭维度叫齐家，从社会维度叫治国平天下。

修行不是逃避人间，修行是要学会更好地在人间生活。只有正确地修行，才能更自在地生活、工作。正确地修炼我们三的能力，更有利于个人、家庭、事业和社会。因为修行的不是别的能力，是和谐能力。

让阴阳和谐运转，就要去其极端。

老子说，圣人去甚、去奢、去泰。为什么要三去？因为甚、奢、泰，都是阴阳运行过程中出现的极端状态，极端持续下去，就会有危害。比如，吃得太多就是甚，过分追求所爱就是奢，什么都不想做就是泰。

唯有充分做到了去甚、去奢、去泰，才能保证阴阳运行与系统的健康发展，这一点对管理团队更是尤为重要。

管理中只存在三类需要不断解决的问题：第一类，是思想意志统一的问题，化解这个问题需要用到抱一智慧；第二类，是互相配合、共同协作的问题，化解这个问题需要用到观二的智慧；第三类，是每个人的修行问题，需要用修三智慧来化解。

这三类问题覆盖了全部管理问题，也覆盖了所有的人生困惑。而无论是哪一类问题，都需要我们时刻去甚、去奢、去泰。

保持和维护整体的和谐发展，是所有管理者毕生修行的事业，也是个人每天都在面对的事情。在这一章我只是总体介绍了三的大略内涵和外延，下面的章节，我将深入浅出地展开探索，将抱一、观二、修三的智慧落地成为可学、可用、可感、可悟的和谐能力。

管理中第一难题

古今中外，什么是管理中的第一难题？

有人说缺少钱最难解决，有人说缺少权威最难解决，更有人认为管理制度不健全是最大的难题。

认为钱能解决主要问题的，会不断用奖励去刺激人员；认为权威能解决主要问题的，会不断加强对其他人员的管控；认为管理制度更重要的，会不断引入新的管理制度。

但以上这些并不是管理中第一重要的把握。管理中第一重要的，是抱一。

孟子有言，天时不如地利，地利不如人和。

抱一的智慧就是要实现人和，实现人的志同道合。实现了人和才能团结更多的人，发出更大的力量。

管理团队如同管理家庭，一个家庭之中，最重要的不是金钱激励，不是管理制度，更不是你的权力有多可怕，最和谐的家庭，一定是思想意志统一的，一定是家庭成员的人生追求志同道合的。这样的家庭，心往一处想，劲儿往一处使，家和万事兴。

当今社会经常听到这样的观点，比如男女处朋友，很多男人总结失败原因，将其归结为自己不够有钱，有些男人把失败归结为自己没有技巧，有些男人总结为自己没有管控好对方的出轨。其实真正重要的是，和谐的力量。

如果你能让对方处处感受到美好的爱，如果你能随时让对方感受到和谐相处的幸福快乐，如果对方特别欣赏你的智慧才华，就算目前你的物质条件不够好，就算你没有社会上的地位，就算你也没有表现出足够的聪

明，她的心也可能一直在你身上，因为你做到了让人爱
你的第一重要的事，抱住了一体的关键，即内在灵魂的
和谐。

管理中第二难题

当我们有了抱一的理念，就等于拥有了一颗善待所有人的心。但我们会发现，有很多心存善意的人，却往往会因为不会行善而将好事做成恶事。为什么一个人心存善念、善待他人，却可能将好事做成恶事呢？因为他不能准确识阴阳。

一个人或一个团队，用心无善意则长久必败，只有善意的用心不能识阴阳，则难达成善意的结果。

天下人，都想善待自己和自己爱的人，但由于不知如何做到善待，便造成了无数争端和战争。对他人有爱心是对的，但怎么爱到好的结果，是需要精准服务的。而所有的精准服务，都是在用自己的有余补他人的不足（需要）。

天之道，损有余而补不足。有余是阳，不足是阴，天下有余和不足之间的流动，就是阴阳相生。社会结构就是有余和不足间的阴阳互动互补。

社会是一个由人类组建的最大的团队，在其中每个人都各司其职。其本质，相当于人体各个器官，各个器官必须要充分和谐相处，人体才能保持健康。

管理者仅仅拥有好心肠是不够的，管理工作不同于社会上的其他工作，团队领导人必须了解整体互补和谐关系，必须能够判断决策整体问题。整体的最大问题，可以叫作主要矛盾，或叫作阴阳极端对立。

领导者每天都要修炼感受的准确性，第一重要的是感受团队风气变化。

一个团队的任何矛盾都会透过风气体现出来。一个团队风气不和谐，都会透过每个人的精神状态和整体表现露出端倪。领导者要利用敏锐的直觉，抓住直觉去发现风气背后的矛盾（阴阳）根本。

比如，当你发现很多员工工作热情不高，不要以为这很正常，大家不能热爱工作，这本身相当于一个人有了抑郁倾向，不尽快走出来就会导致严重抑郁。这时一定要找到化解之道，要么通过会议去动员大家抱成一团，要么找到他们的困惑原因，例如不公平之风气，例如对未来信心不足，或者因为互相配合不好带来的各自为政。

主要的阴阳冲突不化解，就会小疾不治成大患。任何的团队危机都来自日常冲突的积累。

管理中第三难题

管理中的第三难题，其实是每个人的难题，即个人智慧修行问题。

什么是智慧？智慧是内通外达的和谐能力，在内能和谐内心，在外能和谐所遇。

管理中的第三类难题，就是人才的选用和人才的培养问题。团队永远稀缺更好的人才。人才分为两类，一类是技术精湛的人才，一类是管理型人才。技术精湛的人才很容易识别，管理型人才不容易识别，因为智慧不容易识别。

管理者是最需要智慧的职业，如何识别一个人的智慧？要学会看人的神情气质。

我们经常评价一个人有气质，或评价一个人有灵气，这种种评论，都有一个核心的识别原则，其实就是识别人的和谐把握阴阳的能力。

每个人的心灵本身都有一种运用阴阳运转的能力，所以识人心的根本就在于看他的阴阳变化。

首先是看他把握神态的能力。眼睛是心灵的窗口，最有效、最直接的识人方式是从他的眼神入手。每个人的眼神中都会流露出两种情态，一种是灵动性，一种是稳定性，灵动性称为阳性，稳定性称为阴性或称定力。

神态中偏于灵动的，叫作偏阳，通常适合做沟通交流工作，喜欢社交，性格接受能力强，但如果神态中定力不足，就缺少踏实稳定的能力，比较反感重复单调的工作，他们爱表现，出风头，怕枯燥的安静工作。

神态中偏于稳定的，叫作偏阴，通常适合做稳定性、安静类的工作，如果灵动性明显不足，则很难做好交流沟通工作，更不喜欢接受挑战，他们不爱表现自己，喜欢一个人默默工作。

神态中既有灵动又有定力的，是阴阳和谐能力很强的人，这样的人适合做管理工作。

以上所讲的识人智慧是最初级的一眼识人法，还有更深入的一席谈识人法。

古往今来，帝王将相任用官员一般都要通过一席长谈，比如韩信见刘邦、诸葛亮见刘备等，不胜枚举。

通过一席谈如何快速识别一个人的管理才能？

第一，要通过对话审视对方的判断力，比如说一件当下比较有争议的话题，透过这个话题可以看出他的去伪存真的能力。一个管理者连真假都判断不清，是不能当好管理者的，而一个人是通过什么来判断真假的呢？

是透过去甚、去奢、去泰的能力，天下所有的虚假，都是不符合现实的，只有现实是合情合理的，现实是整体中合于必然性才能发生的。一个人不能分辨真假，就是因为他看不出过分夸张的假，看不出有奇无正的假，也看不出固定有限的假。通过聊天，可以清楚地看见他使用自己心智的能力，是否能够准确、和谐。越是判断准确又不失和谐相处能力的人，越比较适合做好管理。

识人用人，可以从识别一个人的和谐能力出发，做到最短时间识人用人，当然我们需要在日常工作生活中去实践验证与修炼，顺着正确的道路走，并不断修正错误，才能得道。

管理第三大难题，除了识人用人难，还有一个难处就是如何培养人才。

可培养的人才，只有两类，一类是管理型人才，一类是技术型人才。

技术型人才的培养在这里先不谈，我们重点说管理型人才如何培养。

领导人该提倡的培养人才策略是，全员修身，全体尊道贵德。

你如果想带出来好的管理者，首先是要重视修行，要尊道贵德。无道德的管理者，注定会失败。

我们该如何在尊道贵德中去不断修行进步，是真正解决培养管理者问题的核心。

要下力量树立道德修行风气，道德风气形成，就会像春天一样利于百花盛开。

没有道德的春风化雨，就不会有团队的生机盎然。

CHAPTER ②

第二章

带团队之道

团队的春夏秋冬

春生发，夏繁荣，秋收获，冬敛藏。

我们爱春天的生发，就要知道如何去繁荣地过渡，如何收获中留好种子，如何敛藏中酝酿生发。

一个管理者可以通过观整体气象、识别阴阳二气的方式，了解目前团队的态势。

整体气象如果处于类似冬天的阴冷（老阴）之中，我们就必须酝酿生机。为什么整体处于阴冷之中呢？阴阳运转时如若运行缺少阳气，团队就会进入寒冬，每个人都处于自保蛰伏状态。这时领导人应该自查，要么是没有畅通谏言建议的通道，要么是没有更好地追求引导阳气生发。

整体气象如果处于类似秋天的收获气象（少阴），比如业绩大增之时，整个团队成员都会渴望得到奖励分红，精神、心理会处于期许回报阶段。此时领导人应该适当给予利润分享，并利用分享深化抱一理念的夯实，而且一定要筛选精良种子人才（该人才是在上个发展阶段表现优异的技术型或管理型人才）。能够在每个秋天都合理分配，并且提拔在夏天做出优异成绩的人，是领导人不得不从的美好之道。

整体气象如果处于类似夏天的快速发展气象，称之为老阳阶段。此阶段人心浮躁，处于争名夺利的热烈状态，领导人当做好道德引领工作，才能收获满满，不然就会因争名夺利而破坏了和谐基础。老阳阶段如果想要事业持续高速发展，就必须深化团队的凝聚力，唯有凝聚力才能将阳光雨水转化为果实。越是发展得快，越要做好道德教育，越要做好抱一工作。什么样的团队是最强大的？能文能武，同心同德。

整体气象如果处于类似春天的生发气象，称之为少阳阶段。此阶段团队呈现勃勃生机，领导人需要利用这样的生机，做好发展战略战术，统一人心，筹备高速发展。生机勃勃的春天并不是团队最好的状态，如果管理者智慧足够，无论是春夏秋冬，都有最正确的事可做。没有哪个团队一直处于春天之中，四时变化才是常态。但我们要懂得，不管身处夏天秋天冬天，只有做对了事情，我们才有美好的春天。

团队的春天为什么能够不断到来？因为在冬天的老阴阶段，我们酝酿了生机；在秋天的少阴阶段，我们分享了收获，精选了种子；在夏天的老阳阶段，我们安定了人心，守住了和谐；在春天的时候我们筹备了发展，做好了战略布局。

高速发展之前，我们必须身处春天的生机勃勃之中，我们必须有足够的精选种子，我们必须有能打夏天硬仗的准备。

这就是管理者尤其是领导人，身处团队气象，可以感知的春夏秋冬。每个团队每个当下，都是身处四季，在阴阳中运转变化的，不识阴阳变化之理，是很难精准地为管理引领团队未来的。

每个企业或团队的领导者，都渴望用奋斗换来团队的成绩。但如果没有好的战略，就不能走出更好的未来。

最好的战略是信仰

管理的目的是去管理而成自然，战略的目的是不战而胜。

美好的理想是人人需要的方向，信仰就是追求更好的实现。

把以上的理念融会贯通后，就是一个道理——最好的引领，等于自发自愿结队前行。

每个人都渴望拥有更好的未来，更好的未来是光明的，称为阳，当下的种种不足是需要填补的，称为阴。

所有的战略和计划，都是要负阴抱阳和谐前行。

每天每个人必须面对的，都是当下的不足，和对未来的期许，比如减肥，当下觉得胖是缺点，就要制订减肥计划，这个计划就是建立在不够好的当下基础上的，可是当下的不够好是怎么来的？当然是自己吃出来的、懒出来的呀！所以发生了很难解决的问题——减肥难！

何止减肥难，要改变自身长久的习惯，都是十分艰难的，比如戒烟戒酒，比如挑战一个新的领域、开拓市场，虽然难，但不做出改变、调整，就不可能实现更好的理想。于是理想之阳与当下之阴，会一直缠绕、对立在人的脑海，似乎很难有和谐相处的时光。

对于一个团队的战略理想来说，也存在同样的问题；战略理想是阳，当下的现状是阴，无阳则不可生长，无阴则不可存活。

化解这对阴阳对抗，只有一个方法，就是彻底做通思想意志的工作。是彻底做通，而不是表面做通。

美好的未来谁都想去！做通团队思想意志工作，第一重要的是，要提出一个可能实现的愿景，并且要让大多数人都喜欢。具体办法就是，战略愿景最好由成员提出来，管理者只需解决如何做到的路线问题。

团队的战略是团队的理想，要尽最大可能让大多数人参与，参与理想的描绘，这是对每个人梦想的尊重。

理想愿景提出来之后，管理者就可以去规划如何实现它了。

团队共同信仰的方向，是最好的战略方向。

用钱引导他人，钱会绝而人去。从古到今，很多宗教中并不发工资，却有无数人不计回报地为之付出建设。只有让大家共同信仰和热爱的战略，才是最好的。

拥有共同信仰的团队，被称作志同道合的团队。从古到今，中国人最稳定的信仰就是信道，信天之道在中国得到了大多数人的认可。

君子爱财，取之有道。文有文道，武有武道，茶有茶道，夫妻相处有夫妻之道，还有教育之道，管理之道。所有的道都是一个道，叫作天之道。

天之道，损有余而补不足，天之道，无绳约而不可解。所有的战略要实现的，都应该是不断为他人提供更好的服务，也就是用自己团队创造的有余，去补天下人的不足。比如医疗团队，就是要用更好的医疗手段和药品，去解除天下人的病患。

而最好的医患关系便是无绳约而可解，不用任何捆绑却不招而自来，为什么不招自来？因为我们为患者提供了更好的服务。

正确的战略首先是正确的信仰，正确的信仰就是正确的大道。

一阴一阳谓之道，做好了以阳补阴工作，就做到了损有余而补不足。

正确的战略，首先要想客户之所想，急客户之所急。客户的需要是团队不断要去发现的宝藏，谁能够清楚地看到客户的需求，谁才可能制定出正确的战略路线。

有了正确的战略路线，又能让更多人信仰我们的追求，就基本满足了天之道的法则，我们才能把事业做得美好、长久。

清静为天下正

老子说：天得一以清，地得一以宁，谷得一以盈，候王得一以为天下正。

做为管理者，不能做无头苍蝇，乱飞乱撞，做一切事都要找到根据，而做一切事的根据就是道。

如何在瞬息万变的时局中抓住根据呢？首先要学会负阴抱阳。负阴抱阳很简单，就是看到前面就要想到后面，看到优秀的就想到不优秀的，看到发展就想到防御，看到心态阴霾就想到心态阳光，这叫见到阴阳一体，然后转化阴阳。

比如，看到团队前面的人走得很快，就要想办法让前面的人带动后面的人，这叫不舍其后而为先；比如，看到优秀的人得意扬扬，就要想到不优秀的人可能失意沮丧，就要去掉得意者的骄傲自满，让不优秀的人增加自信；再比如，看见某人心态不好，就可以跟他分享一下心态阳光的方法，用爱去转化团队的心态使其向好。

看见自己有所成就，就要看见那些失意的人，把所有的人都当成一去爱护，这样才能真正做到抱一而为天下式。

为什么清静是天下正？天下有道，走马以粪，天下无道，戎马生于郊。一个领导人，如果做不到让天下太平，就是无道。管理者做不到让团队太平，就是无道。

管理者如何有道？认识、把握、转化阴阳，使其处于和谐之中，便是有道。让阴阳运转经常处于极端对抗状态，即纷争状态，则称之为无道。

什么是人生大自在状态？大自在就是清静状态，此清静不是少言少行，不是无动于衷，而是清静、乐观、喜悦。不极端是清静的根本，清静就是和谐。一个管理者要达到以不变应万变，才能得清静。而以什么不变应万变？当然是以有道的不变应万变。

守住永恒不变的规律，去应对天下变化，才能做到清静。懂得一阴一阳变化之道，才能得管理清静，修炼把握阴阳运转的能力，才是管理者的正确道路。

想要得到管理智慧，是一定要日常修行、日常感悟的，其最佳感悟方式，就是抓住事物的两个方面去观察、总结规律，这两个方面称为矛盾的两个方面，或者阴阳的两个方面。

比如，每个管理者都想要提升业绩，就像每个人都想要多挣钱一样，业绩和钱是阳性的、显性的。古人说，君子爱财，取之有道，意思是想要多挣钱，就一定要寻找更好的挣钱方法，做人做事的内在修为一定要够。这样的理念其实都是实虚结合地看问题，阳为实，阴为虚，所以，做好了相反方面的工作，就能提高另一个方面的成绩。

越是发展得不好，越要重视抱一观二修三。越是发展得好，同样还是要重视抱一观二修三。正是因为对于管理者无论何时何地，抱一观二修三都同样重要，所以修齐治平的学问，修炼的就是和谐阴阳变化的能力。

　　一个人拥有了大智慧，就等于拥有了清静美好的状态；一个团队拥有了和谐相处的氛围，就等于拥有了和平美好的生活。管理者是为他人的幸福服务的职业，管理者的使命像父母的使命一样，给孩子美好的生活，是最重要的。

问题中藏着的道法术

看一个团队制作的短视频，当我们大笑的时候，有没有想过是什么让我们发笑？

让我们发笑的其实既是它内在的道又是它运作的法，同样是它呈现的术。

它内在的道叫相反相成，所以让我们发笑的内容一定有意外的转折，这个意料之外就是相反，用相反成就了我们发笑，就是相反相成之道，而它要实现相反相成，可能就要动用人和事来达成，这个达成相反相成的策略叫作它的法，而做到呈现出来很不错，可能又要经过练习过程，这叫作术。

通过一个视频，是可以见到作者的道、法、术的，那么发生在我们面前的所有事呢？当然也都藏着可以被我们觉知到的道、法、术了。

一个员工走到我们面前抱怨另一个员工，首先这是不是道德问题？答案是，是，但不能直接说他道德修养不够，因为他的行为只要符合一般人的道德水准，就不能被单独指正是他的不足。

所以对于一个团队而言，如果想要从最根本上解决人与人之间的对立冲突，最好的策略就是，提高整体的道德修养。

实现提高整体道德修养，必须从最高领导以身作则开始。

上梁不正下梁歪，想教育别人自己就要先做好，这是从古至今不变的真理。

只要是人发生的问题，就首先是人的认知问题，认知问题是智慧足与不足的问题，认知问题是知道不知道的问题。

虽然很多问题看起来是法和术的问题，但我们要清楚，只要把握住了道德方向，任何法和术的问题，都是迟早可以攻克的。

如果我们学会了通过每件事去提炼道、法、术，并能够分享给团队成员，让大家形成一起感悟学习的氛围，那么我们的团队就会快速团结与进步。

这里的难点在于，领导人是否愿意去感悟，是否能够带领大家去尊道贵德。道德建设是永远的建设。

真正道德建设的开始，其实是开始于最高管理者的认定，开始于大量管理者的跟随，开始于共同学习道德的氛围形成。

当一个团队急功近利的人太多，那么再好的管理方法，也只能是纸上谈兵，不能落到实处。

管理者在任何事件中，去见道、知法、看术，应该是每天必备的功课。

真正的学习无处不在。世间有很多书都是写在纸上的，读了无数纸上的书，也不要忘了，还有一本更厚、更妙、更全面的书，它一个字也没有，它的名字叫无字天书。这本天书就是我们的生活和工作中的一切。

想要读懂无字天书，必须学会在万物万事中提炼道、法、术，如果能把提炼的道、法、术分享给更多人，就已经是在传道、授业、解惑了。

抱一而为天下式

抱一，这个一是我们所在的系统整体，同时这个一也是至简的阴阳之道。抱一而为天下式，是说用这个一去理解所有的方式方法，同时又能够怀抱整体而为。

老子说抱一而为天下式，也为后世开辟了各家各派止确的天下式。用什么保证我们的方式方法正确？答案是用整体长久之道。

管理过程中，每个管理者每天都要判断是非对错。有没有一个必然保证我们相对正确的道理，可以让我们少付出代价呢？

当然有了，但我们要接受一个理念，就是要相信只有通过了道的衡量，我们的决定才可能正确。

我们如何确定这个世界真正的因果？答案是看清阴阳关系。比如饿和饱是一对阴阳关系，眼睛的看和外面世界的光是一对阴阳关系。再比如寂寞和快乐是一对阴阳关系。

为什么大多数人都追求金钱？因为物质生活的不足和金钱能带来的满足感，是一对阴阳关系。只要阴阳系统中，他有所缺失，必然有所需要和追求，这就是世界万物中的必然因果。因如果是阴，追求的一定是阳，结果或成或败，这就是所有因果的必然联系。

在万事万物中能见到一阴一阳，谓之见道，抱持着见道的理念去做天下的事，叫抱一而为天下式。

一个团队中的各个阶层，都有各自的根本使命和根本需求。比如最高的管理者，他的根本使命就是负责团队整体的战略指引，以及识人用人的准确把握；中层管理者，他的根本使命是上传下达，并带领好自己的小队伍，和谐配合整体生存与发展；每个员工的根本使命是完成自己的分内工作，配合、协作其他员工。

根据他们的使命，可以见到他们的偏爱。最高管理者的偏爱是整体和谐发展；中层管理者的偏爱是自己的小团体出色发挥；员工的偏爱是自己工资挣得多。

知道以上的普通必然，引领他们的方式也就基本确定了。最高管理者需要的引领集中在对整体和谐运转的把握上；中层管理者需要的引领集中在上通下达和带领小队伍上；对员工的引领则侧重于改善他们的工作环境，和提高他们的收入。但这里不能丢掉的是，对所有人的引领，有一个永恒的主题，叫作道德引领。

以上的判断来自一阴一阳谓之道，人的使命就是你的职业需求，更好地完成人使命的策略，永远是人应该去的方向。

懂得了抱一而为天下式，就不会被社会上纷乱的管理文化所带偏，心中有道才能不乱做，心中有阴阳关系的认定，才知道事情该怎么做。

要排除错误的方向，就要随时运用一阴一阳，去准确判断是非对错。能够不断去贯彻实践抱一而为天下式的管理者，才是真正的有德之人，因为有德就是顺道而行。

知守兼修

老子说："知其白，守其黑。知其雄，守其雌。知其荣，守其辱。"

对于一个领导人或管理者，他们在团队中的身份地位，相当于家庭成员中的父母，这是古人精准的类比认定。管理者也只有用类似于父母对待子女的爱去对待团队成员，才能德配其位。

古人说慈母严父，作为今天的管理者，我们是该做慈母还是严父？老子说："知其雄而守其雌。"已然给出了答案。答案是会用严格的方法，但内心应如母亲般地关怀和慈爱。

其实这样的把握就是负阴抱阳冲气以为和，所以说这一章讲知守同修，也是在说修炼那个三的和谐把握阴阳的能力。

把握阴阳，就一定要做好知守。比如知前进也要随时能够停止或后退，叫作大丈夫能屈能伸。再比如，知其好美食的一面，也要守住吃的尺度。无论你遇到什么概念，都要懂得：只要你想到了更大的好处，就要用守住更低的能力的方法来把握住它，以走向更高、更好的路，老子把这样的把握总结为，知其白守其黑。

老子说："江海所以能为百谷王者，以其善下之，故能为百谷王。"意思也就是，知其盈，能守其洼。

很多年轻人都觉得生活对不起他，整天抱怨这个抱怨那个，以至于特别痛苦的是自己，原因就在于没有把握好知其不足，也要能知其足。

用知足去常乐，用知不足去奋斗，这样阴阳同体把握的方式，叫作知其阳而守其阴，是修炼智慧的根本路径。

将知守兼修应用到团队管理中，直接可以改善的是整个团队的和谐氛围。很多团队都提出要追求卓越的文化，追求卓越无可厚非，但如果在追求卓越的文化里，只能做到追求卓越，则会形成巨大的不和谐因素，这个因素就是整体人心割裂。因为表现卓越者可能看不上不卓越者，如果管理者也认定了只有卓越者才是好的，那么，那些目前不能做到卓越的人，就很可能不被尊重。

任何一个整体，只要你区分，就一定有优秀和非优秀两类人并存，对于永恒并存的两类人，管理者要做到的就是知其白守其黑，知其优的好处，也要善待不优秀的员工。

只有从内心看到知其白守其黑的好处，才能更好地引领整体和谐团队。这样的知守观，其实是对真理的把握观，并不是一般的知识，用好了它，便是大智慧。

知守兼修可以被应用到对所有事情的把握之中，比如我们要去完成一个战略目标，首先要做到的是两手准备：一手准备就是动员全体成员，去积极配合完成这个目标，这叫作知其阳；另一手准备就是随时做好出现意外的应对方案，这叫守其阴。做不好防止意外和失败的应对，也就很难实现成功。

管理者日常工作中，经常会发现员工有心气不足现象，其根本原因在于没有做好充分的知守兼修。只要员工意识到，想要幸福工作，就一定要知不足为攻，知足为守，他就懂得了只要工作就要积极进取，同时寻找自己不能积极进取的不足，不断加以修正，这是知其阳的进攻；同时要认定对于每个当下的心态，必须要保持知足才能乐观向上。这两者是对矛盾的和谐把握，因为世界本身就是由无数矛盾构成的，不能把握好矛盾运行的人，才会感觉特别矛盾对抗。

少则得，多则惑

清静、美好、自在，是人生最好的状态，同样也是团队最好的状态。

顺其自然的体验不累，顺其自在而为的人不惑不争，且能得到该得到的一切。

而把握实现清静美好状态的根本，在于少则得。

在精神世界里，追求过度会带来痛苦，奢望过多会带来痛苦，追求完美的稳定会带来痛苦，老子说圣人去甚、去奢、去泰，就是要把这三者的过度求多去掉。

有人可能会问，去掉了过度去掉了求多，我们还能不能进步了？

答案是企者不立，跨者不行。什么是企者不立？踮起脚来站着不会持久；什么是跨者不行？大跨步地走走不太远。为什么呢？因为过了自在而为的尺度，就不能长久保持下去。

所以去掉多余的想法和行为，就特别重要。

今天的我们，生活在信息和知识爆炸的时代，多余且错误的知识多如牛毛，让无数人找不到正确的人生之路。

中国几千年的文化，对人生智慧的品味，是全世界最深刻而全面的，从《易经》的一阴一阳谓之道，到《道德经》的负阴抱阳冲气以为和，对真理的理解贯穿了中华文明几千年。

我们是个已经找到了真理的国度，我们拥有全世界最深刻、全面的管理之道。只是在今天知识大爆炸的时代背景下，真理需要被解读、被传承，需要教会更多人如何认识真理和运用真理解决问题。

少则得，多则惑。我们要实现拥有更多，一定要从少处入手。老子说，图难于其易，图大于其细，讲的也是实现更大、更多、更强的法则，这个法则就是相反相成。

相反相成，就是指，要想得到更多，就要安心于在少中发现并达成更多的路径，而不是直接去挑战一个多得不可能完成的任务。

比如，管理者想要安排一个人担当重任，一定要关注他做平常小事的能力，如果他平时没有稳定的和谐能力，如果他做小事的时候不用心，那么毫无疑问，他无法担当大任。

少则得，就是做到大成就的根本智慧认知。

懂得了少则得，才能重视日常工作，因为大的能力都是从一点一滴的小事中修炼出来的，大的事业都是从最小处一点一滴地做起来的。

少则得，更是一种人生态度。学会了少则得，就不必非要在奢侈中寻找享乐；学会了少则得，就没有必要在极端中寻找刺激；学会了少则得，就能在任何失意不利的局面中，清静自在地化悲痛为力量，化腐朽为神奇。

懂得了少则得，才能多而不惑。懂得了从小到大是这个世界的成长真理，才能做到步步为营。

懂得了在俭朴中体会美好，才能面对人生的艰难困苦而不乱。懂得了从少中去品味美妙，才能与人成就君子之交。

君子之交淡如水中品味无限，小人之交甘若醴中渐行渐远，也是少则得、多则惑的人生写照。

望闻问切

中医诊疗讲究望闻问切，辨证施治。管理者也要学会望闻问切，辨证施治。

望闻问切，望的是气色。管理者每天都面对团队成员，每天都会感受到成员的气色。有人说我每天看到的成员气色状态都差不多，差不多是差不多，差不多也是有明暗气色的分别。

如果团队长期处于偏暗气色之中，证明整体的阳气不足，发展的意愿和动力不足，需要谋划动员一场统一思想意志的课程，或者开一次大的会议，给团队补充下阳气。

如果团队争夺利益过度亢奋，表现就是整体气色浮躁，则要用道德提升和谐这种极端阳亢，否则长此以往，就会尔虞我诈加剧，导致离心离德。

望闻问切，闻的是什么？

听的是成员的心里话。管理者要经常深入员工的工作，与他们深入沟通，把大量员工普遍的困惑，提升到必须解决的日程表上，团队身体的病症是不能拖拉的，拖拉得越久病情越重。

望闻问切，问的是什么？

问的是重要的事。管理者每天都要提出问题——给自己提出问题，自己才在解决问题中得到了修炼；给团队提出问题，才能锻炼团队解决问题的能力。学问，学问，所有的文化都来自提出问题。

会问的人注定会学，会进步。没有任何问题的人，本身就是最大的问题。

不会提问的领导不是好的领导，因为想要在任何方向引领人，都要指出当下的不足和问题，如果当下是完美的，奋斗有什么必要呢？

会对重要问题进行提问，会对隐患通过提问的方式，锻炼其他成员解决问题的能力。管理者可以给自己定个目标，比如每日三问。这三问一是问自己的不足，二是问团队凝聚力的不足，三是问发展的不足。

望闻问切，什么是切？

切就是精准地通过细节，发现大问题。比如，你发现有的成员看你的眼神异样，虽可能是一闪而过，但如果这样的眼神从好几个员工眼神中流露出来，就不得不反思，自己出了什么问题？见微知著，你不得不在无数细节中，了解那些隐藏得很深的事实真相。管理者如若不能明察秋毫，是很危险的，但也不能草木皆兵。

在管理中，望闻问切可以落实到每分每秒的观察互动之中。管理者是团队的医生，因为除了管理者来治病，团队中是没有其他人有这个能力和权力的。

每天都可以通过望闻问切来辨证施治。辨证施治就是从阴阳两个方面和谐把握病症，而不能把病从阳极转化到阴极。

和谐把握阴阳两极，不让系统发生大的极端，才是避免团队物极必反的管理方略。

治身体用的是药和方法，治疗心灵却不得不用关怀和爱。

治心三步走

人的压力很大，太多的人心灵有伤痛。

人的伤心就是人心的病痛。管理者是老师，是医生，如果精通治心之道，就能够给人雪中送炭，给自己的智慧锦上添花。

人心之所以会受伤，是因为两个方面：一方面是求不可得，一方面是已有的美好被破坏了。

求而不得时间久了，内心就凉了，这样的伤需要为其燃起希望之火来治。比如，一个人长期追求完美，一定会导致悲哀失落。解决的方法，可以单独与他沟通，也可以借他的问题，对全员讲解，讲解完美不可得，是因为完美只是追求的方向，前途是光明的，道路是注定曲折的。如果我们今天实现了完美，明天去干什么？

下面介绍治心三步走：

第一步，抓住问题的根本起因，才可能带领人走出困境。

以上讲的是求长久而不可得造成的心伤。

下面讲一下已有的所爱或美好失去，带来的心伤。

这个一般发生在感情失败之时或金钱的失去之时。有人会因为投资失败而跳楼，也有人会因为爱情的失去而自杀，可见痛失所爱给人带来的打击有多严重。

面对这样的团队成员，最有效的治疗手段是，去构建新的所爱，在构建的过程中，让时间去慢慢淡化伤痛。这种情况不可能通过一席谈直接解决问题，只能引领他重建所爱，随时间淡化伤痛。

第二步，从问题表面深入，才能看到全面、永久解决困惑的可能。

这里问题来了，如果我们引领他构建了类似的所爱，未来不是还要失望受伤吗？对，大致一定是那样的。所以真正解决这个问题，涉及的已经是真理的指引，而不再是一般的说服了。

什么是真理的指引？就是告诉他这个世界的真相——我们每个人不要企图和什么具体的人或事长久相伴，与每个人最长久相伴的其实是世界。所以爱上这个世界是第一重要的，会与万物万事和谐相处是第一重要的，等我们爱上了和所有和谐相处，也就更有利于我们与某个人长久相爱，更有利于我们去挣更多钱。

第三步，从一个解决问题的方向，引申到所有维度，总结出普遍的大道。

君子爱财，取之有道，君子爱情，也要得之有道。我们只有精通于和谐相处之道，才能在任何处境中都能长久幸福下去。不然，过度依赖任何人或金钱，都不能保证我们的美好自在。

如果一个人凡事都有抱一知二修三的智慧，他就不容易心态极端，就容易保持乐观向上的工作热情。

说来说去，解决所有问题的核心，最终离不开的还是对大道的认知，以及顺大道而行，所达成的能力。

管理之道，通于世间任何解决问题之道。管理之学不是一般的技术，不是一般的方法，它是帝王之道，修行管理之道，可以得到天下最大的智慧。

解决人的心灵问题，才能带领人走向自在的人生。管理者要修为全天下最大的能力，因为我们是领导者，这份责任很重，这份责任很光荣。

使民不争

《道德经》第三章："不尚贤，使民不争；不贵难得之货，使民不为盗；不见可欲，使民心不乱。

管理者所在一个团队，每天都工作在其中，我们也都不喜欢纷争不断的团队，可我们想过没有，是我们的什么做为让我们的团队纷争不断呢？

第一，因为尚贤。什么是尚贤？尚贤就是今天的推崇优秀。很多管理者都认为，当然要天天推崇优秀，莫非要推崇落后吗？

老子认为，要推崇前后相随之道，而不是割裂地独宠优秀。问题是不直接推崇优秀的人，我们该怎么引领团队进取呢？

第一，要告诉所有人，我们之所以把事做得优秀出色，并不是为了比他人强，而是为了整个团队活得更好，这是抱一的智慧。然后要告诉所有成员，做得优秀的要带动目前做得不够好的，大家一同进步，这叫前后相随。

还要说明，每个人都可能在某方面做得出色，其更大用处在于，做在这个方面做得不够好的人的老师。不但不能看不起后面的，反而是优秀的要给予不优秀的更多关怀和帮助。

这样的教育叫作抱一而不尚贤，这是避免因为推崇优秀而导致争斗的最好策略。

第二，引发争斗的是领导者贵重难得之货。

什么属于难得之货？比如一个领导者，不断追求更奢侈的生活，而且还要用言语行为彰显奢侈的好处。只要领导者这样做了，就会渐渐引发纷争，因为团队成员会越来越看重利益。当大量成员眼睛里只有钱的时候，团队便已经进入到纷争不断之中了。

所以领导人不能追求奢侈，要懂得俭以养德的好处。领导人不争，才能让团队长久、和谐相处。

第三，是管理者不断调动人的贪婪欲望，比如很多管理学书籍，就是打着激发人欲望的旗号，美其名曰用贪婪点燃人的进取心。

这在长久之道上看，是极端错误的。具体瞬间上看，还会有点效果，一旦时间长了，就会演变成无所顾忌的内部争抢。人最好的状态不是打鸡血的状态，人生的自在是以清静为基础的。

管理者应该重视道德修行，更要带动全员注重美好的情操，而不是眼里只看到利益。

道德修养作为任何团队的第一修养，如果第一修养做不好，再怎么调动人的激情，也是一时的激情，无法做到持之以恒地成长。

对于个人，要用不争之心，每日都提升自己的和谐能力，每日都有新的收获。

对于团队，要用不争之德，每日都能和谐创新，协同发展。

以不争之进取，完善自身的能力，才是管理者不得不知的人生智慧。

管理之道

CHAPTER ③

第三章

提升管理能力之道

相反相成

我们身处一个相反相成的世界，每个人也都是相反相成造化而成的生命。

什么是相反相成？相反就是阴阳的相反特性，相成就是阴阳相合。

今天人们特别关注的是心灵幸福快乐，因为之前我们解决了温饱问题。物质生活追求和精神生活追求，是阳和阴的相反。所以用追求物质生活的策略，比如更高更快更强，去追求精神生活，是根本过不好精神生活的。精神生活想过得好，要合于阴柔之道，要不急不躁，要知足常乐，不要乱跑，而是要安静下来细细品味。

大家都追求快乐幸福，但要知道，越追求什么，越是要从相反的方向入手，才能更快地得到。放下过度追求快乐幸福的心态，把重心放在接受不快乐不幸福中，然后从不快乐不幸福中一点点发现快乐与幸福，才是最佳捷径。

想清静，就是要学会和谐地与万物万事互动。动静相反相成，虚实相反相成。老子《道德经》第二章说："有无相生，高下相倾，难易相成，音声相和，前后相随。"都是告诉我们相反相成的用处。

精神生活与物质生活，精神为君，物质为臣。老子说：静为躁君。也是说，物质是心灵使用的工具，过不好精神生活，就不可能过好物质生活。而对于一个团队而言，建设好精神文明永远都是最重要的，其次才是必然带来的物质生活成就。

精神是肉体的君主，管理者是团队的君主，臣子可以急功近利一些，君主则不能，君主一定要守中而行，居中而立，这个中就是和谐清静的两极之中。

易经有两爻，阳爻为一横，阴爻为断横。阳爻阴爻叠在一起就是阴阳运转的全部规律。领导人要把内心安放在阴爻之中间，两手平衡和谐整个团队的两极变化。一个人要保持清静而为，也要将内心安放在阴爻之正中。这特别像骑自行车和走路——内心和重心保持稳定性，两腿两手控制平衡，左右变动。

我们日常无论遇见什么大事小情，都要首先清静下来，只有这样才能看得分明，判断准确。古人说泰山崩于前而面不改色，也是说修为要达到的状态。

越是遇见苦难和危险，越要用清静、清醒来应对，这是相反相成。比如开车，越是速度快，越要冷静，随时减速。

古代有过这样的公案，说一个人热得在屋里乱跑，一个禅师说："你只要停下来，心静自然凉。"这是典型的用相反之道来解决一个状态走向极端的案例。

一个人不断地去放纵欲望得到快乐，其实是不断走向阳的极端，是饮鸩止渴，倒不如学会品味简单平常生活。只要随时保持清静，只要随时安心在清静之中，端坐在阴爻之中，一抬头就是阳爻正中的无限光明。

管理智慧中，懂得相反相成是理解大道的核心步骤，必须用相反相成去生活、工作，在生活与工作中去感受、去运用相反相成。

古往今来的道理，正确的只有一个，这个道理至简，就是一阴一阳谓之道，同时这个道理又至难，因为我们要用它去理解万物，并将其运用到所有之中！

实事求是

老子说，做人做事要知道，要从恍惚的物象中，去见道。

什么是实事？管理者每天都要面对大量的事情，比如员工的问题、上层领导的任务、客户问题、家庭问题，等等。

摆在管理者面前的世界，是通过各种事件呈现给他们的，如果没有一个正确认识事情的方向，就会事事见不到真相，事事处理不到点子上。

比如，一个员工反映说："客户对我们的产品不满意。"

事件摆在面前，客户对产品不满意，这是事实吗？未必是事实。因为可能是员工的谎言，他可能随时编一个谎言来推脱自己的不当和过失。还有可能是他的误判，比如客户说产品不够好，可能是想降低购买成本。还有很多可能，也可以让员工说客户对产品不满意。

要想做到凡事在面前，能够看到事情的实，需要我们有以下几维智慧判断。

第一维是了解事件中的人，了解这个责任人的三，也就是说要认识他的和谐阴阳的能力。

第二维是了解事件所处的环境，了解事件是在什么情境里发生的。

第三维是了解事件之外的整体气象。

第四维是要看以上三个维度得出的结论是否自然顺畅，是否通情达理。

这几个维度的考量，在《道德经》叫作人法地，地法天，天法道，道法自然。

管理中的任何事都与人有关，识人是第一步，任何人发生的事都有当时的环境和条件，这是人法地；除了这个人面对的环境条件，还有影响他做事的整体背景，于是就要地法天；任何整体运行都必然服从一阴一阳谓之道的规律，这叫天法道；大道运行不刻意而为，这叫道法自然。

上面那个员工的问题，也包括这几个维度；他的话是真是假的问题，要取法于他的为人；他所在的那个发生当下是不是如他所描述，要取法于他所在的事件实际情况，叫取法于地；他所做的事的整体，是在两方的什么大背景下发生的，就要取法于天；他说的事合不合情理，就要取法于道；他在整个过程中自然不自然，就要取法于自然。

人、地、天、道、自然，这五个维度，存在于任何事情之中，不可不查，不可不知，不可不训练"五取法"。

只有修炼好了"五取法"，才能做到实事求是，求的是便是这个事件的根本原因，看到的实就是真相。在了解了真相的前提下，才能找到解决这个问题的方法，不然就如同缘木求鱼，不可得要领。

管理者的智慧，都要运用在人、地、天（整体）之中，运用的正确方式方法叫道，运用得得心应手叫自然自在。

孟子说："天时不如地利，地利不如人和。"其中的道理是什么？其实就是人法地，地法天，天法道，道法自然。

是人在取法地，人取法天地，人取法于天地大道，人取法于大道自然。人是取法者，人是用法者，管理者只有从把握人心规律开始，才能做好管理的核心工作，让人和发挥最大的力量。

实事求是是为人民服务的智慧，管理者能够明辨是非曲直，才能让人信服，才能处理好事务。

而做为管理者，日常应该注意哪些修炼呢？面对复杂变幻的时局，我们如何顺天时、用地利、达人和呢？

上善若水

　　老子给最高的管理者写的文字叫《道德经》，其中上善若水篇广为世人喜爱，因为这篇文字，用水的形象状态变化，巧喻得道之人的修为能力。

　　"上善若水。水善利万物而不争，处众人之所恶，故儿于道。居善地，心善渊，与善仁，言善信，正善治，事善能，动善时。夫唯不争，故无尤。"

　　水性与人性，有相同性。作为管理者，要取法变化之道，叫知变；要能够把握变化，叫应变；要能够创造变化，叫创变。这三变，知变、应变、创变，是所有管理者都必须深谙的管理之道。

而顺应变化莫测的世界，水是特别能给我们启示的存在。老子用水比喻得道之人在识变、应变、创变中不争而得的状态，给我们明确指出了日常修行的关键方向：居善地，心善渊，与善仁，言善信，正善治，事善能，动善时。

上一章我们说要取法于人、地、天、道、自然。这一章讲的则是管理者如何管理好一切。

居善地，是指无论你身处任何地位，都要以和谐为贵。

心善渊，是指无论何时都要向深里感悟，让自己的智慧深不可识。

与善仁，是指无论与谁相处，都要有仁爱之心，行仁爱之事。

言善信，是指无论何地何时都要言而有信。

正善治，是指用正义正道去做管理。

事善能，是指只要做事就要力求做得很好，修炼自己做事的才能。

动善时，是指所有的行动都要合于时宜，不能不管时机乱行动。

这是何等全面的人生指导啊！全维度说尽了管理者应该做的修行方向。只要我们能遵循老子的指引，必然能把管理越做越好。

其中的难点在于，阴阳的识别和把握。

比如居善地，即善于发现自己目前的地位，那么靠什么准确得知自己的地位？两个人对话，每句话都在阴阳变化之中，当下的地位就是你当下所处的阴阳中的一个方面。当对方认为我不好时，我该怎么转化他的看法？老子给出的答案是善利万物而不争——我不用争辩，而是替对方着想就够了。

"水善利万物而不争，故几于道"，是贯穿于所有修行的根本原则。无论是居善地，还是动善时，都要以服务对方为中心，只有这样才能得到真正的和谐。

如何做到事善能？不断地修炼为他人服务的能力。

如何做到与善仁？不断地修炼爱他人的能力。

如何做到正善治？不断地修炼把团队整体当成自己的怀抱，用正义公正去管理团队的能力。

如何做到言善信？承诺给员工的话，就算自己损失了利益，也要严格执行。

如何做到动善时？把握好时机，用善意去带领团队，做最好的事情。

如何做到心善渊？拥抱整体团队，有了和谐能力，做到知变、应变、创变的微妙玄通。

抱一知二修三，永远是智者不变的秉持。阴阳变化之中，我们应运而生，天地交合之中，我们随化而来，悟道就是体验生命，管理就是服务众生，深爱的自在就是和谐相处，真正的懂得就是相反相成，瞬间便是永恒。

成功之道

《道德经》第六十四章内容如下：

其安易持，其未兆易谋。其脆易泮，其微易散。为之于未有，治之于未乱。合抱之木，生于毫末；九层之台，起于累土；千里之行，始于足下。为者败之，执者失之。是以圣人无为故无败，无执故无失。民之从事，常于几成而败之。不慎终也。慎终如始，则无败事。是以圣人欲不欲，不贵难得之货；学不学，复众人之所过，以辅万物之自然而不敢为。

以上是中国古老的成功学内容。老子包罗万象又微言大义地说出了实现成功的真谛，这对于管理者都是不可不知，不可不觉悟的智慧。

管理者每天都要解决问题，但无论你解决什么问题，都要牢记：其安易持。这个安是指，要么让它安定下来，才容易持有，要么任它动而你抓住了它不变的规律。比如一个人骑自行车，是在运动中保持的安稳，其安易持。只有抓住了对方的必然规律，才能安稳地驾驭它，这是成功的基础认知。我们之所以搞不定一件事，根本原因在于我们没有掌握这件事的变化规律。

认清事物的必然阴阳变化，是其安易持的根本。其未兆易谋，是指要认清事物的阴阳关系变化；其微易散，是说想让对象消散一定要让它变得微小；其脆易泮，是说想把对象分离，一定要找到它最脆弱的节点。

以上是成功学的基础。

每个人都想要长久的成就，就像我们要盖一个大楼，就像我们要长成大树，就像我们要去远行。想要更大的成就，一定是从小处着手、大处着眼，两者一近一远，阴阳同体把握，就好比人走路，眼睛看着前方，脚下一步一步走过去。

不积跬步，无以至千里。管理者一定要有远方的视野，并且拥有一步一步走下去的决心，这是成功的秘诀。然后要懂得其安易持，包括持有人心，持有事业，持有大爱，持有清静自在的和谐。

而持久的成功，还需要做到"欲不欲，不贵难得之货；学不学，复众人之所过"。管理者不能等同于员工，管理者不能像员工一样追求金钱，不能把金钱作为自己的第一追求，管理者只应该追求道德的高尚。管理者的学习，也不能同于众人，要学习的重点不是别人怎么发财的，要学习的重点在于别人是如何失败的。只有避免了必然的失败，才能走出成功的路，而每个人都各有各自的成功。

《道德经》是中国最早、最全面的成功学，它教我们的不是一般的成功，而是利而不害的成功，是以辅万物之自然的成功，是不违背天之大道的成功。

天下难事必作于易，天下大事必作于细。

　　每个管理者本身都是成功之路上的人，能够领导别人一起走，就是肩负使命的人，要顺其大道而行，才能做到利而不害。想要做成难事，从最容易处入手；想要做成大事业，必须学会从小事开始筹备。

　　而人生永远的筹备，即是在生活工作中不停修行和谐之道。

和谐之道

中国传统文化儒道两家，核心修炼的就是和谐之道。

和谐之道分成内在和谐与外在和谐。

这内外两和谐的通达叫作内通外达，而"智慧"两字，就是内通外达之意。

内在和谐，称为心态和谐；外在和谐，称为对外互补和谐。

对于管理者而言，每天处理的任务、事务，都属于这两大类，第一类是因为人的心态不和谐导致的纷争；

第二类是因为人与外在事物不会相处而导致的错误。

如果管理者不能充分认识这两类问题的根本，就很难解决好内外矛盾。

想调和人心内在的不和谐，只有一个办法，就是教给他一阴一阳谓之道。要告诉那个心态不和谐的人，问题不在别处，问题只在认知。要让他相信矛盾是世界的根本运行法则。只有不排斥矛盾才能做到和谐矛盾，要先从排斥矛盾走到用心体会矛盾，再到接受一般矛盾，再到能够抓住主要矛盾，去欣赏次要矛盾，最终做到可以利用所有矛盾，实现我们要的成就。

每个人的心态问题，其实都是阴阳起伏问题，没有人能够做到心态一直好，但智慧人生却要做到在心态阴霾中见到阳光。"不畏浮云遮望眼，只缘身在最高层"。在阴霾心态中，需要看到阳光来调和；在心态过度兴奋中，需要发现不足来调和。不然大喜大悲会往复出现，让人感觉颠沛流离。

外在不和谐是由于不会和人与事相处带来的，什么叫会相处？会相处就是会和谐相处。

儒家的所有智慧都是要达到人与人和谐共生；道家的所有智慧都是要达到人与天地万物和谐共生。

与万物万事相处，给人类带来了对道的理解、对法的认识、对术的提炼。

人类的所有道、法、术，都是人与万物万事相处中获得的，道是把握一切和谐相处的总原则；法是实现和谐相处的某个领域的指导；术是与具体事物和谐相处的经验。

以上的道、法、术，是全面覆盖管理者认知的所有，术侧重于经验，法侧重于知识，道侧重于总原则。

一个管理者要学会内心有道，才能最通情达理地使用法和术，而和谐能力又是道的根本能力。

最高的管理者应该和谐带领整体，走向更和谐、更大的整体。一个团队之所以能长久存在，就在于它能够不断地在对外互补中和谐发展。

对外在互补中把握和谐尺度，是一切进展的根本。

如果说对内只要有道就能和谐其心，那对外和谐一定要善用法和术。

下一节我们就一起探讨法、术的使用，即道御法术。

道御法术

多数人都不能区别知识的大体种类，现代很多人认为所有的理念、方式、方法都叫作知识，这也不能说是错的，但如果不能把天下知识进行准确分类，就很难做到对其合理的应用。

人类的文化知识，可以分为三大类，一类是经验类的，古人称之为术，比如木工技术；一类是类别中的方法，比如绘画门类中的指导，绘画的指导理论，这类被称为法；还有一类是古人所说的经，也就是道。

这三类知识在西方的哲学体系中，一类是经验，一类是一般知识，一类是哲学。

每个人生下来就要学习很多经验，比如走路经验、吃饭的经验。然后会学习很多方法，比如数学方法、物理学方法。但如果这个人一直没有正确的指导之道，我们就会发现他往往是有才无德，有术无慧，有法无道。

太多聪明人就是因为不知大道，空学了一身的法和术，最终连做人都成为了大问题。

中国古代的《四库全书》，收录了四大门类的学问。其中，经部收录的都是指导做人的道理；史部指引的是做事的学问；子部介绍的是各个门类的思想方略；集部收录的是文人墨客的人生，各种体验和经验。

管理不是一般的岗位，这个岗位是最需要有道有德的岗位。只有心中有道，才能使用下面的人才，有的人才精通于法，有的人才精通于术。

自古用人，要分成三类对待：最高层管理者，应该重在有道有德；一般管理者，应该精通他所处的门类之法；员工，则至少要勤修其术。这样的三类人构成了所有健康的团队系统。

比如汉初的刘邦团队，韩信精通于战术，萧何精通于安定发展之法，张良精通于道，而刘邦善于发现和使用他们。

每个人的内心，同样由道、法、术三类觉知构成，道、法、术的关系就像人的头部与神经网络和四肢的关系：头部负责指挥人的行为，神经负责上通下达，手足负责执行。

一个团队，如果高层道德出了问题，相当于大脑病变；中层的方法出了问题，就相当于神经紊乱；底层出了问题，相当于半身不遂。

总之，一个健康的团队，一定是有道者指挥，懂法者响应，有术者执行。所以，一个管理者不懂得大道，就很难做好指挥工作。

大道至简，大道至难。悟道只能从当下入手，任何问题本身都是道的阴阳变化，任何事情本身都是可以看到该事件的道、法、术的。比如，一个团队配合得不好，导致纷争不断。这首先是一个道德问题，然后才是方法问题，再然后才是更具体的事件问题。

　　要懂得从道德入手，去解决所有问题的根本，任何问题的根本都一定有道的原因，也有法的偏颇以及术的错误。

太上之路

什么是太上？太是最，上是好，太上就是最好的，太上之路就是最好的路。道教在后世之所以管老子叫太上老君，就是因为，老子言道，为太上之道。

下面是《道德经》第十七章的话：

"太上，不知有之；其次，亲之誉之；其次，畏之；其次，侮之。信不足焉，有不信焉。"

今天是知识碎片化和知识大爆炸的时代，很多人已经根本就不相信，人生还有最好的路可走。尤其是今天的很多管理者，根本就不知道，管理中还有最好的路径和方向，这个最好的路径和方向，两千多年前就已经被老子指出，并且被后世很多大家认可。

管理者应该追求的管理方向是，太上，不知有之，而不应该是亲之誉之，更不该是让人畏惧，也不能通过侮辱人的方式去管理。

庄子说最好的管理状态是："上如标枝，民如野鹿。"意思是要达到管理者与被管理者是两自在两自然状态。

管理之道，就是在去管理的过程中，实现人的自在而为，实现人的自由自在，并且各司其职。这似乎是一个不可能完成的任务，但这绝对是一个最好的方向。

什么是最好的方向呢？比如，我们每个人都想过上更富裕的生活，却永远不能达到最富裕，但这条路却是在追求通往最富裕的过程中，这条路就是正确的富裕之路。

而老子告诉了我们这条路该如何走：应该朝着去管理的方向走，应该还人民以自在的方式走；而不应该独追求自己的荣誉，更不该用威胁的手段实现，也不能用侮辱人的方式实现。

那么当今各种管理方式，其中有多少走的路是太上之路呢？

让人愿意跟随我们去做，是最好的管理理念。如果不愿意，就要自查我们哪里出了问题。

管理者不是员工的敌人，而是类似于员工的老师或兄长父母。我们本是同根生，又共同走到一起构建了紧密的团队。之前我们提到的抱一的智慧，就是时刻不能忘，人与人是一体的，人与万物万事是一体的。谁都喜欢更自在的工作和生活，我们要从道德上统一人心，才能实现每个员工充分的自觉自治。而对于那些个别的不按道德行事的，才应该给予适当的惩戒。

不要因为百分之几的人不道德，而让所有人不自在。在我们的管理工作中，只要形成良好的道德风气，犯错的人就会越来越少，我们也就渐渐实现了太上的管理状态。

不只是管理，人生也是如此，最好的感情关系，同样是两自在且相爱。最好的学习状态，也是自在地去学习，而不是为了某种特定的目标去学习。用热爱去完成人生所有的必经之路，就是太上之路。能给员工带来自在的工作热情，就是太上的管理者。

知道什么是最好的方向，也就知道什么是错误的方向，什么是其次的方式。

自在之道

管理者每天都在追求大自在，就像天下人都喜欢自由一样。可真正的大自在如何保持，真正的自由如何实现呢？

孔子说他七十岁可以做到从心所欲而不逾矩。从心所欲而不逾矩，就是可以保持长久自由自在，这是建立在实现阴阳和谐状态的基础上的。

为什么从心所欲不逾矩是阴阳和谐状态？因为从心所欲是阳的伸张，不逾矩是阴的把握，就如同骑自行车，自在地骑却不会跌倒。

想实现自在地骑行团队这辆自行车，必须要懂得和谐平衡之道，只有在和谐平衡把握状态中，才能实现自在骑行。

自在之道的修炼，关键在于：

第一，不要怕艰难困苦，这一点可以学习毛主席，当年面对战争的血雨腥风，他都能够在阴霾中见阳光，在艰险中见生机。越是经过大风大浪的修炼，越能够面对人生的任何苦难，其核心修炼的，就是一种能力。在阴霾中要心向阳光，在苦难中要看出希望。总结一下就是不能行走在极端的阴霾中，也不能长久行走在得意之中。要学会负阴抱阳，和谐地走下去。

第二，要在生活、工作中处处把握阴阳和谐平衡，比如想要得到一件事的好处，一定要找到这件事的不足，然后衡量利大于不足，还是不足大于有利。看一个人的性格，看到他开朗的好处，也要看到他开朗的不足，这样才能更好地管理人。

总之，就是在任何方面里，都要看到正反两个方面，只有学会了正反两方面都可以和谐运用，才能真正走出以不变应万变的管理之路。

修炼从心所欲而不逾矩，就要清楚矩是和谐之道，顺着和谐之道，才能从心所欲，不然就会犯错误。

人的一生，最核心的能力就是和谐能力。运转阴阳的能力，是所有能力的根本。管理者如果能够抱一知二修三，便已经走向了大自在的路。

自在的管理，就是能在任何事中，都能抱一知二修三。阴阳起伏变化的世界，阴阳起伏变化的事业，在阴阳变化之中，我们饿了吃饭，渴了喝水；我们哭了笑，笑了哭；我们分分合合，取取舍舍。

我们所有相反的概念本身，都是阴阳一体的相反相成，知其阳就要见其阴，知其饿就要找食物。看到一个人的需要，就要懂得他的追求方向。

当今的管理者有很多忧虑，担心未来，担心现在，如果不能去除忧虑，就不可能得自在，而智者对于这个问题，是有明确的解决之道的，在整体、长久的战略上要拥有绝对的自信，具体、瞬间的战术上要发现自身存在的不足。在战略上藐视困难和敌人，在战术上重视困难和敌人，意思也是一样的。战略是整体长久之计，必须拥有自信，这个整体长久是需要用稳定的，用阴之用来把握；战术上是瞬间具体的，用阳之用来对待。

阴性是维护整体稳定的力量，阳性是让整体充分运动发展的力量，一阴一阳谓之道。只有能够自在自如和谐使用阴阳的管理者，才能遇变不惊，自在而为地将管理做好。

善贷且成

《道德经》有言："既以为人已愈有,既以与人已愈多。"

这段话的意思是越是会为他人服务,自己越不缺少什么;越是会给予他人,自己拥有的反而会越多。

花朵产生花蜜给予蜜蜂蝴蝶,蜜蜂蝴蝶给花朵传播授粉。它们都是创造了有余,分享给了别人,然后也满足了自己的需要。

一个人不断地教别人智慧,他本身的智慧增长是最快的。智慧不怕分享，知识不怕应用，越是会给予他人的人，自己的能力提高越快，越是懂得付出幸福的人，越是能够做大事业。

《道德经》有言："夫唯道，善贷且成。"

老子说，大道运行是善贷且成的，善贷是善于有无相生，是擅长共赢，只有擅长共赢才能保证彼此关系长久的美好。

传道、授业、解惑是共赢的，授人以渔是共赢的，举手之劳给他人的帮助是共赢的。

给他人创造快乐是共赢的。只要会做一件事，都可以是共赢的。

而不能持久共赢，就不能持久合作。比如我们做慈善，如果把自己的公司全部捐出去，正常情况下，这是不恰当的选择。做慈善没有错，把公司捐出去就不能细水长流地做慈善，因为不能持久，所以一般人不会那样做。

物质上的给予，是给予了他人自己就没有那么多了。但精神上的给予，却是给予他人的越多、越正确，自己的精神世界就越富有、越正确。

形而上的精神和形而下的物质，两者是相反相成的，所以作为管理者，要勤于分享美好的感悟，勤于教别人正确的道理。精神世界，付出给别人越多，自己得到的越多。

管理者未必能天天拿钱捐款，但却可以做到天天在精神上给予别人指引和帮助。

授人以鱼不如授人以渔，授人以鱼是善事，但要有足够多的鱼，授人以渔也是善事，但捕鱼这个技能不但不会枯竭，反而是越授人以渔，自己越精通捕鱼之道。

确定了这个很重要，帮助他人可以持久，至少我们可以持续传道、授业、解惑。

善贷且成之道，侧重在传道、授业、解惑。管理者如果自己得道，便可以永远持续去传道、授业、解惑了。

这样的事业是正确的，这样的人生是幸福的。

传道就是教人会学、会爱、会服务

第一会学，怎么样才是会学？

会学从学会关爱开始，把学习看作替别人解决问题，带着所有人的困惑和问题去学习。

以传道、授业、解惑之心去学，去感悟。

大家可以做一个游戏：每个人说一个自己的烦恼，让对方去听，然后对方说一个他的烦恼给你听，然后自己讲解自己如何解决自己的烦恼，并把解惑之道用在对方的烦恼上，解决对方的问题。

第二会管，会管从会爱开始。把管理看成爱别人的方式。最好的管理是会爱，是不去管理别人，而又能实现健康发展。

大家也可以做一个体验：一个人扮演一个不听话的员工，另一个人用爱去引领他走向和谐相处。然后两个人互换角色。

第三会服务，会服务从理解对方需求开始。

将对方当成自己去理解，只是理解并且满足对方的需求。

如何理解对方呢？根据工作性质的不同，可以换位体验：一个人扮演挑剔的客户，一个人扮演服务人员，用理解对方的方式去解决矛盾，然后互换角色。

管理能力就是会爱的能力。

会学，会爱，会服务，是三会。做好了三会，是做人之道，也是管理之道。

会学，是慈为本；会爱，有爱是能力的源泉；会服务，是成就自己和他人的核心。

最会学的方式就是为他人而学，等于会教。

最会管理的方式，就是为他人着想，最好让被管理者理解你的管理就是爱的方式。

最会服务的方式，就是以彼此理解为前提，是实现爱的过程，所以一定要拿人心比自心。

总结一下，就是相反相成。会学的过程就是会教的过程，会管理别人的过程就是让别人赞同你管理的过程，会服务的过程就是让人理解你是爱他的过程。

一切都是修炼爱的能力，一切都是为了实现爱的美好过程，一切也是为了实现爱的美好结果。所以会学就是会爱，会爱就是会管理，会学、会爱、会管理也是为了会服务，而这些也是成就自己的成功之道，可通用于任何维度来修炼达成。

会学、会爱、会服务，其实就是古人说的学以致用。管理者可以通过这一章内容的基本介绍，到工作中去传道，我们传的道，就是教人会学，会爱，会服务而已。

CHAPTER ④

第四章

提升管理者修为1

天圆地方

　　古人说，天圆地方，今天的人觉得那只是指地球是方形的，宇宙是圆形的。这种观点，是缺乏对天圆地方理解的一种错误解读。

　　天圆地方其实是古老的做人做事的人生智慧。

　　何为天圆？天圆是指最大的整体大方无隅。由于最大的整体是由所有的有楞角的东西构成，所以最大的整体是没有任何楞角的。这个天圆的理念，是对人做事的要求，人做事是做于更大整体之中的，达成的应该是以和谐整体为方向，所以古人说做事要圆融通变。

何为地方？地方是指人的小我要有规有矩，每个人都要拥有坚定不移的人生信条，内心要有刚正不阿的追求，要永远保持勇于面对一切的正直。这个地方，其实是对每个个人修身修心的总指导。

天圆地方结合起来理解，便是对待自己的内心要有刚猛精进的修正精神，对待他人要包容慈悲，两者是阴阳一体关系，即对自己的内心态度必须方正刚直，严于律己；对待他人主体上必须宽以待人。所以古人说外柔内刚，外阴柔，内阳刚，便是对天圆地方的通达理解和应用。

作为一个管理者，一定要秉持天圆地方的理念，修心有刚直勇猛之方正，待人有慈悲温柔之心肠，只有这样才能做到外柔内刚。

对外只有以温柔慈悲之道才能得人心；对自己的心要毫无怜悯之情，才能知错就改。

人的错误就在于同情了不该同情的内心，苛责抱怨了不该抱怨的他人。

古人说，行有不得，反求诸己，也是此意。

一个人想要精进智慧的修行，就要做到外圆通、内刚正。君子内有刚直之气，外有谦和之态，就是对内刚外柔的诠释。

内修用阳刚改正错误，外达用阴柔实现和谐。这阴阳同体把握，就是做人做事的简要纲领。

一条鱼在水中吐泡，为什么泡是圆的？因为水修正了它气息中的极端，让它吐出来的不规则的气流，规则成了一个被充分和谐的气泡。

有人说人生像一块石头，年少时棱角分明，然后滚在生活的溪流里，变得越来越圆，这也是地球会越转越圆的真正道理。方用久了自然会圆。

内心有方，是为了服务他人时，可以圆融和谐。

一个管理者，如果不懂这个道理，就可能对他人过度苛刻，对自己放纵不羁，是不能让他人信服的。

管理之道，是阴阳和谐之道。对自己下手再狠也总是善待，对他人再慈悲也是爱自己的表现。人生如果能够明白，学会了善待他人，才是真正地善待自己，也就懂得了为什么对自己要痛改前非，为什么有时要壮士断腕，为什么要反求诸己。

通达的道理是可以应用到一切范畴的，每个日常生活、工作中的点点滴滴，都蕴含着大道妙理，我们能不能静下心来去感悟并且学以致用，决定了我们精进的程度。

以正治国，以奇用兵

老子在《道德经》中说："以正治国，以奇用兵。"

每个人的内心，都是奇正并需、奇正并存的。比如，想要开拓进取便是奇的需要，奇其实就是阳的需要，与此同时，每个人都害怕失败，喜欢安稳，这个安稳就是正的需要，叫阴的需要。

喜欢快乐的奇叫阳性的需要，喜欢幸福的安稳叫阴性的需要。追求快乐叫逐阳，得到幸福叫知足守阴。学会快乐要以奇用兵，懂得幸福叫以正治国。

想用实现快乐的方式得到幸福的满足感，是不可能的，因为快乐之法与幸福之法，两者正是相反的两个方向。追求快乐要不断品味新奇特，达成幸福要不断发觉已有的满足。

所以知足常乐指的是知足常幸福，今人说的快乐则要通过出奇制胜来获得。

幸福和快乐谁更重要呢？老子说，清静为天下正，答案是：幸福是快乐的基础，阴是阳的基础，稳定是创新的基础。

对于管理者而言，稳定人心比激发人心重要，想要激发团队向远方奔跑，必须先做好稳定、统一人心的工作，想要让员工快乐多起来，必须先给他们稳定的幸福感。

知足与知不足比，知足为重，知不足为轻，发现员工的优点为重，指正他们的错误为轻。所以沟通中，要对员工以肯定为主、指正为辅，两者的君臣、主次、重轻关系，不可颠倒。

一支部队出去再会打仗，如果它所在的国家不会治理，那么打再好的仗其结果也是失败。

一个人再会出奇制胜，如果他做人的智慧和修为不够，最后的结果也不能得以善终。

再会调动和使用阳的能力，如果阴的稳定能力不够，结果都是因轻而失根，因燥而失君。

最好的管理者，应该是阴阳并用，阴阳和谐发展。在调动人进取心的同时，不忘给人幸福的稳定保障；在给人稳定保障的同时，不忘调动人的进取心。

这样的阴阳调和施政的理念，叫天地相合，以降甘露，民莫之令而自均。

以奇用兵，以正治国，同时也是以正做人、以奇立功的人生指导。想立大功，一定要做到别人做不到的，但做人却不能挑战道德的底线。做人有德叫以正做人，做事有才叫以奇做事。

一正一奇其实就是一阴一阳，同谓之天下大道。比如现代生命科学中，基因的稳定性叫阴性，基因的突变叫阳性。再比如，波粒二相性中，我们观察到的粒子性质叫稳定的阴性，观察到的波的性质叫外放的阳性。

达尔文的物种起源所描绘的进化论，是偏阴性的观察结论，而与他争论不休的拉马克提出的用进废退理论是偏于阳性的观察结论。两者和谐在一起，才能构成相对完整的解释系统，而他们却似乎一直对立不休。

一正一奇是对任何概念运行全面的把握，也是我们认识一切，把握两个方面的知根捷径。比如，一个人说他最近想挑战一下自己，这明显是目前的阳性需求，我们就要看到他的阴性需要同时存在。他为什么想挑战？因为他想用更好的阳，来满足自己阴性需求的满足感。这时有两个方向可以引领他，如果管理者觉得可以让他挑战一下新的业绩，就直接满足他的愿望；如果觉得他不能胜任，就要让他安于原来的工作，尽量让他在现有的工作中实现创新，因为满足感在任何地方都是可以获得的。

学会以奇用兵，以正治国，是管理者必备的管理理念。

天下万法皆在道。推陈出新是用兵之计，稳定局面是治国之方。两者和谐运用，才是管理者永远修行的真理之路。

守正出奇

一个人再会做事，如果没有道德修养，就是无正，会做事叫作会变通。能够守正出奇，才是做人做事的好标准。

对于管理者而言，识人用人，是特别重要的工作范畴，看一个人要看他的两个方面，一是正的方面，看他有没有正人君子的品德；二是看他的变通能力，看他有没有应对变化和创新的能力。

而管理者本人一定要具备知正知奇的能力。适合做管理者的人，必须要能够守正，有正才能公正，有正才能服人，有正才能有德，有正才能和谐整体。正为重，奇为轻，正为君，奇为臣。

不会识人用人，就会把这两者用反，比如你提拔了一个有才的人当了高管，却发现他只懂技术而不会管人，甚至连公平都做不到，其根本原因就在于他本身缺正。

仅仅拥有才华，是不能担当管理重任的。

懂得了守正创新的道理，还可以将其应用到更多维度，比如创新发展维度。任何创新都是在过去的基础上做出来的。比如我们想进军一个新领域，很多人就会想仅凭一个新创意占领市场，这就是幼稚、不成熟的表现，因为知正才能为新。要充分了解那个行业目前做得好的团队，了解他们的优势，要学会他们所精通的，这是第一步。只有我们做到了和那个行业顶尖团队差不多精通，才有可能落实我们的新创意，占领属于我们的市场。

再新再好的点子，也只是一点成就，想要让这一点新意发光发热，必须先把握住原行业的优势，这就是守正创新。

长久的成功，来自步步为营的人生策略。进一行就要爱一行，首先不要想着直接颠覆人家，应该先耐心学会人家的优点，然后才可能出类拔萃。

守正出奇，用在修身上，就是指守住清静才能快乐幸福，人心不乱，才能做得好事情。

守正出奇，用在和谐团队上，就是要以身作则，立好自己的道德，这样才有带领他人共同进步的可能。身正不怕影子斜，想要团队不断创新，就要先守住每天的本分。

人生如果想过得不平常，就要耐心接受每个当下的平常，这些都属于守正出奇。如果一个人或一个团队，每个人都有一份愿意接受平常的平和之气，那么这个人和这个团队，就能够抵御更大的挑战。

对当下没有平常心的，就是守不住平常的正，那么他就很难做出长久的成就。

合抱之木，生于毫末；九层之台，起于累土；千里之行，始于足下。也是此理。

清静为天下正，慈柔为天下正，用兵为天下奇，创新为天下奇。

守住清静运转，时刻不离慈柔，才可兵行天下，创新无限。

持久的发展，来自整个团队的守正出新，如何把握好团队的正与奇，是每个管理者毕生修行的智慧。

抱一知二修三，负阴抱阳充气以为和，是管理者不能离开的管理之道。

通情达理

　　管理者是对人的整体美好负责的领导人。如果不能替人的美好生活充分着想，便是不够负责的表现。

　　而人的基本需求只有两个方面——精神需求和物质需求。了解和顺应人的精神需求称为通人情，满足人的物质需求称为达事理。

　　通人情、达事理，简称为通情达理。一个通情达理的管理者，应该具备什么样的能力，以及该如何修炼得更通情达理呢？

判断自己或他人通情达理的能力值，有一个标准，通人情的人会照顾到他人的感受，达事理的人会关注做事的是非对错。只要一个人更在乎别人的感受，他就是擅长通情的人；只要一个人更在乎做事的是非好坏，他就是更擅长达事理的人。

通达于感性的人，其表现是谈话做事带有感情色彩；通达于事理的人，其表现是做人做事带有求真色彩。

老子在《道德经》第一章说："故常无欲以观其妙，常有欲以观其徼。"意思是人面对万事万物，只有两个方面可以介入，一方面是求感性的美妙（观其妙），一方面是理性地求索（观其徼）。

管理不同于其他任何职业的特殊性，就在于，管理者是要对人的整体负责的人，而人的整体需要，一方面是情感需要，一方面是物质需要。就是说，每个人要么在追求美好的感觉，要么在追求做事的成就。

懂得了每个人不变的两方面追求，就要懂得这两个方面如何去实现和把握。

感性需求叫观其妙，理性需求叫观其徼。

如果管理者偏重于感性的追求，就难以带领大家去做好事业。这样下去就成了烂好人，好心但做不成大事。

但如果管理者偏重于事理的追求，就会处处不顾及员工的感受。这样下去就会与员工情感割裂，成为一个不近人情的管理者。

自古以来，圣贤的特点都是通情达理。唯有通情达理的管理者，才是我们最喜爱的，所以要懂得如何让自己更通情达理。

第一，想要更通人情，就一定要多和他人交流互动。人的感性需求决定了人都喜欢有趣的、好玩的，多与人探索、分享美好的一切，多与人交流美妙的种种，日久天长，就会更加通人情，就更会与人情感交融。

第二，想要更达事理，就要学会观察事物的阴阳关系。多深入埋解做事的成败规律，多参与观察团队事务，日久天长，就会更达于事理。

通情与达理，其实就是通阳与达阴，阳是情的需求，是必须通过动态参与修炼的；阴是理性求真需求，是必须通过冷静观察来深入的。这一阳一阴便是人全面的需求。

　　古人说一阴一阳谓之道，动的美妙称为阳，静的观察称为阴，管理者就是要阴阳调和，不能走阳的极端，也不能走阴的极端。只有一心运转阴阳和谐，才能够和谐更多人的需要，做一个通情达理的管理者。

不争而得

《道德经》第二十二章："曲则全，枉则直，洼则盈，敝则新，少则得，多则惑。是以圣人抱一而为天下式。不自见，故明；不自是，故彰；不自伐，故有功；不自矜，故长。夫唯不争，故天下莫能与之争。古之所谓曲则全者，岂虚言哉！诚全而归之。"

这一章是老子对一阴一阳谓之道的运用，也是对万事万物相反相成的理解。想要长久保全事业，一定要接受曲折的过程；想要正义得到伸张，前提是人要感受到屈枉；想要得到盈满的幸福喜悦，必须有洼的缺失感。所以想要得到更多，一定要从少处入手；直接去追求更多，必然带来困惑。圣人用抱一的智慧，作为做所有事的根据。圣人能够做到不过度关注小我，反而能活得明白；不自以为是，反而被他人称颂；不自己夸功，反而被别人表功；不太在意自己的利益，反而能够长久保全。能做到这些是为什么呢？因为圣人用相反的不争之德，反而成就了天下没有人与他争的结果。上古就说的曲则全，真的是不变的真理啊。

这一章讲的其实就是不争而得。为什么管理者要学会不争而得？因为管理者不同于员工，管理者要争的是整个团队的利益，而这个争，恰恰不能与某个成员去争。

管理者要争的是，为他人提供更好的服务；管理者要争的是，提高自己的和谐能力；

管理者要争的是，用不争实现最大的争，争为更多人的美好生活贡献一份力，发出一份光。

很多管理者精于计算个人得失，越计算越累，越计算内心越烦恼，这都是不懂得不争而得带来的困惑。

人生只要顺着正确的道去走就好了，其他的交给整体之道。尽人事听天命，讲的就是尽人的所能去兼济天下，剩下的交给一切去定夺。

管理者不能太计较个人得失，管理者要实现的是使整体团队走向更好。学会不与人争，就必须学会共赢。要清楚人与人之间最好的关系，不是你争我夺关系，而是和谐共赢关系。

阴阳和谐状态，其实就是阴阳共赢状态。比如社会上的三百六十行，其主体构成便是互补共赢关系。再比如男女关系，也是互补共赢关系。就连一朵花与蜜蜂，也是不争共赢关系。有人会问，狼与羊是什么关系？从整体长久上看，是狼的追逐进化了羊的身体结构，是羊的营养进化了狼的生命形态。狼没有把羊吃光，它每次吃掉的多是老弱病残。狼与羊的互补共赢关系才是真理，而不是什么弱肉强食，弱肉强食是瞬间具体的战术，互补共赢才是整体长久战略和真理。

战略上要不争而得，战术上可以偶尔争夺。老子说，乐杀人者，则不可得志于天下。战争只是不得已而为之。不到万不得已，不能发生激烈争夺。善战者不武，能够不战而趋人之兵为上。

和谐共赢是整体长久之计，战争只是瞬间具体，不得已而为之的手段。

老子《道德经》第七十三章："天之道，不争而善胜，不言而善应，不召而自来，繟然而善谋。天网恢恢，疏而不失。"

不争而善胜，如果能够做到善胜而不争，人生又何时何地不自在呢！

智慧修行的三阶段

老子说："下士闻道大笑之，中士闻道若存若亡，上士闻道勤而行之。"

一个人从幼稚走到成熟，从成熟走到有一定的智慧，都要经过下士、中士、上士这三个阶段。

以这三个阶段，大致可以区分出天下所有人的特点。

第一，下士阶段，是指还在表象和经验获得中追求和修炼的人。他们的表现通常是喜欢游戏，喜欢吃喝玩乐，不喜欢服务他人。大多数人其实都在这个阶段。

第二，中士阶段，是指此类人已经不满足于吃喝玩乐的追求，已经具备了相当的人生经验，这类人偏爱学习知识，喜欢每天进步，但还没有做到充分的通情达理。

第三，上士阶段，是指这类人已经拥有了正道的指引，知道自己的使命，懂得自己的人生方向，有大我的情怀，有大爱的境界。

这三个阶段几乎覆盖了所有人，但圣人不在其中，圣人拥有比上士更微妙玄通的智慧。

我们在工作、生活中不太可能遇见圣人，所以，能识别这三类人，对于管理者而言，就已经是足够智慧了。

在这里要声明一点，说哪类人是下士或中士，没有任何贬意，就像说一个孩子天真幼稚并非贬意一样。下士、中士、上士的区分，相当于在智慧能力上，把人分成少年、青年、壮年，它是人生智慧成长的阶段划分。

每个人小时候都对玩具感兴趣，根本原因在于，我们和这个世界互动需要大量经验，所以对新的东西就要特别敏感和喜欢，这样才能学好经验。没有充分的经验，人是很难生活的，所以经验的积累过程特别重要。这个阶段称为下士。

等人长到二十岁，有一部分的生活经验已经被领会得差不多，这时他就会投入到经验的里面求索，这就进入了追求知识、追求学习进步的阶段，这个阶段称为中士。

当有些人发现现有的知识彼此矛盾，大量的知识之间南辕北辙的时候，一少部分的人，就会去追求真理，而这类人又要能够理解和运用真理，这个阶段称为上士。

老子说的士，在古代指管理者。我们在这里讨论的是对所有人的划分。

认识到每个人所处的智慧修行阶段，才能比较准确地知道他的爱好，知道他的烦恼，知道他的擅长，知道他未来可以走向何种更好的路。

下士特别偏爱个人享受，中士偏爱唯美浪漫和个人优秀，上士偏爱兼济天下。

所以引领下士用个人享乐，引领中士用更优秀更卓越的追求，引领上士用兼济天下的爱和情怀。

与下士谈兼济天下只能得到认同，很难得到真正的落实；与中士谈吃喝玩乐，他们会觉得俗不可耐；与上士谈唯美优秀的追求，他们会觉得你格局太小。

一个管理者，每天都要面对这三类人。如果不能充分了解这三类人的差别，就很难做到量体裁衣，也做不到和谐相处，这样就会造成很多障碍。

每个人都身处智慧修行的各个阶段，智慧是和谐能力，和谐阴阳能力不足，就会经常处于极端之中。

认识这三类人，需要我们日常多看多悟。了解每类人的特征爱好，才能更好地领导他们和谐共进！

人间至味

如果我说中国古代文人墨客，是全世界最会生活、工作的一类人，是否有人怀疑？

林清玄说，人间至味是清欢。

世俗之人是不会享受清欢的，所以俗人面对独处的时光，就会躁动不安。

其实享受清欢，就是享受清静为天下正。多数人永远是处在内心浮躁的状态。我们都知道，不能安心就不能得清静，没有清静之心，就很难做好事情。一个心浮气躁的人，是很难做好一件事的。

而保持清静安心的核心是能够享受清静，古代文人墨客，都偏爱琴棋书画诗酒茶，刘禹锡在《陋室铭》中写道："苔痕上阶绿，草色入帘青，谈笑有鸿儒，往来无白丁。可以调素琴，阅金经。"他用简洁优雅的笔调，向我们勾勒出了文人墨客的生活。调素琴，阅金经，都是安静的享受。

作为一个管理者，日常工作中如何避免心浮气躁，是修行的必备课。用急功近利之心，是不足以建好功德大利的。

学会享受安静，学会在安静中品味一切，才是增长智慧的捷径。静中观其变，才看得清晰；静中去动，才动得不乱；静中去享受，才是人间至味。

人心惶惶不可终日，是不可能管理好事业的，团队成员整体心浮气躁，也不可能做到长足进步。

修养团队成员的内心，无论对于任何集体，都同样重要。

需教人先教自己。只有身为管理者的我们，自己学会了修养身心的方法，才能带领更多人走进人间至味的世界。

清静且感受美好，是大自在的人生状态。只有在清静中感受美好，并把美好感受分享给他人，才是使团队安其心的长久之计。

管理者每天除了引领大家工作进取外，还应该特别重视，如何引领大家去品味生活与工作。

工作是可以好玩的，工作是可以有趣的，工作是可以一起修养心性的，工作是可以成为修行者最好的道场的。

比如，炎炎夏日我们和员工一起去出差，面对同事下属的抱怨，我们能不能用相反相成的智慧，引领他们看到不如意的好处？

不如意的好处就是，所有的不如意成就了所有的如意。没有低就没有高，没有前就没有后，没有不快乐就没有快乐，没有不如意，就不会有如意。任何的不如意，都是修炼转化不如意为如意的修行胜地。

只有拥有了随时在不如意中，将不如意转化成如意的能力，我们才能真正得到更多如意的可能。

遇见阴霾就能让心灵体会到阳光，在风雨中才可以觉知到彩虹。在炎热街头，才想到清凉林下的时光。

苏轼写过这样的话："莫听穿林打叶声，何妨吟啸且徐行。竹杖芒鞋轻胜马，谁怕？一蓑烟雨任平生。料峭春风吹酒醒，微冷，山头斜照却相迎。回首向来萧瑟处，归去，也无风雨也无晴。"

苏轼所写的其实是内心的修炼过程：风雨中可见彩虹，不如意中要见到如意，就像智慧的修行，竹杖芒鞋轻胜马，谁怕？一蓑烟雨任平生。

忘我无我

一个人什么状态是最幸福的？认真投入做事的时候。普通人最快乐幸福的时光，是尽情玩乐的时候。也有很多人说最幸福的时光是恋爱的时候。

无论是恋爱也好，还是娱乐也罢，最快乐幸福的时光，都是投入于与人与事的互动。

只有在吃喝玩乐中才能体会到幸福快乐的，就很难在工作中得到幸福快乐。因为普通人没有实现一个根本的阴阳转化。

如果说爱上享受别人给我们服务叫被动的享受，我们把它称为阴，那么爱上为他人服务就是主动的享受，我们称为阳。

雷锋完成了这个转化，雷锋把普通人追求的被动享受，转化成了主动服务他人来成就自己的享受。

这个转化是必要的，阴在后阳在前，称之为服务他人在先，个人享受在后；阴在下阳在上，称之为和谐。主动在上，被动在下，称之为阳光积极；被动在前，主动在后，称之为阴郁消极。

最好的工作状态叫忘我，忘我就是主动将身心投入于做事，我执就是被动地应付做事。

管理者一定要修炼忘我之道，忘我才能实现大我。

老子说：

宠辱若惊，贵大患若身。何谓宠辱若惊？宠为下，得之若惊，失之若惊，是谓宠辱若惊。何谓贵大患若身？吾所以有大患者，为吾有身。及吾无身，吾有何患？故贵以身为天下，若可寄天下；爱以身为天下，若

可托天下。——《老子·十三章》

这一章老子所言之意，直指无我忘我、以身为整体的好处。

古往今来很多人都追求大境界、大格局、大智慧、大我，这些追求本身都是要达到忘我投入于天下的境界。

唯有做到凡所做之事必能投入，全心投入于探索修行，全心投入于为人民服务，才是人生长久幸福快乐的根本。不管是投入于爱一个人，还是投入于爱一个家，都只有忘我投入，才能带来真正的精彩。

我们可以回忆一下，我们童年最快乐的日子，都是忘我地投入游戏或与朋友做事的时光。不能忘我投入于外面，就注定不能满足里面的空虚。

一个人躺在床上不出门，久了，往往会得抑郁症，就是这个道理。因为封闭自己的心，不让自己的身心投入于世界中的人，他的精神会饥饿，饿得过度就会要么得病，要么荒废。

一阴一阳谓之道，是相反相成。想要成就内心的丰盈满足，就要认真投入于做人做事，这叫欲成其内，必达于外。想要让自己的团队积极向上，一定要让成员爱上为客户提供更好的服务。

管理者要把这个真理讲给更多的人听，懂得了这个道理的人越多，我们的管理就越好做。

大成若缺

一个人是不是要表现出才能才是真有才能？

一个人的才能只应该自然而然地用出来，而不应该为了彰显而表演。

一个时时喜欢表现自己才干或智慧的人，其实他缺少一种对真理的理解，这个真理如果化作一句成语，就是大成若缺。

最大的成就永远不会是个体的，也不会是个人做出来的。最大的成就一定是整体团队做出来的，一定是大家共同完成的。而对于管理者个人，注定我们个体是有所缺失的。

比如，管理者擅长管理的未必擅长技术，擅长技术的未必懂管理，一个团队就是由彼此不同擅长的成员组合而成的。个体对比整体功能，只能是有所缺失的，没有谁是万能的，个人离开了团队却想要完成大事业，是万万不能的。

一个有智慧的管理者，不但不应该处处显示自己，而且要处处给下属修炼发挥的空间，要养成带动、鼓励他人进步的习惯。比如在一群人中，最高的管理者要学会配合别人的快乐，要学会甘当绿叶的美德。越是在团队中地位高，越要放低自己的心，把表现的机会让给别人。

最高的管理者，充分地表现不足，是给他人修炼足的空间。比如面对一个问题，管理者应该经常傻傻地提问，让下属来解答，还要虚心求学。这就是大成若缺的智慧，又叫大智若愚。

为什么要若愚？因为领导人越表现智慧，其他人越不可能表现出智慧。会领导人，不是抢风头；会领导人，不是炫耀自己能耐。

会领导人，是会引导他人进步，是会引领他人成功，是会引导他人快乐幸福，是会引领他人走向更美好的人生。

师傅领进门，修行在个人。管理者是师傅，要领员工进入美好的门径，不代替鸟飞，不代替马跑，而是引导鸟飞、马跑。

大成若缺，大巧若拙，大智若愚，大辩若讷，都是告诉我们，最好的管理者，是善于表现自己的不足，来让下属充分地修炼他们的足。

这是后其身而身先的大智慧。当有一天，我们看到在我们的引领下，员工露出了笑容，我们也许才能体会到，最幸福的事，不是表现自己的优秀，而是看着自己引领的人，越来越有成就。

从追求个人成就，到爱上欣赏他人成就，是从小我到大我的转化过程，这个过程类似于蝴蝶的蜕变，是人生早晚要走的路，大我的天空更美。

CHAPTER ⑤

第五章

提升管理者修为2

食色性也

世界上只有两类人，一类人偏于关爱自身的食色问题；一类人偏于关爱他人的食色问题。

以满足自身食色需求为重的，叫自私。以满足他人食色需求为重的，叫无私。

仕这两者中，食代表金钱，色代表一切美妙的精神感受。

其实人人都是离不开物质生活和精神生活的，古圣先贤早就看出了人的核心需求：一是食，二是色。

人类的文明一定要逐食而居逐水而居，这是食的需要，一旦有了稳定的食物来源，就有了艺术的创造。

作为管理者，要清楚地知道，人的根本需求只有这两类，一类是物质生活需求，一类是精神生活需求。

团队出现的种种问题，之所以难治，核心在于这两大类问题没有得以很好的解决。

食色矛盾现象，会不断出现在管理之中。比如员工工作消极，这很可能是因为他在工作中，觉得不美妙，不美妙就是色的需求得不到满足，所以他才会整体浑浑噩噩。如果这样的员工越来越多，就要考虑我们的团队文化，是不是要在工作中，加以足够的趣味引领了。除了用趣味或艺术丰富员工的工作、生活，还可以用食引领，用食就是用金钱引领，用金钱引领未必就是说直接拿出钱来予以刺激，也可以通过共构美好的理想，然后团结整体，一起向着更富裕的未来出发。

当人拥有了一定量的金钱，就会出现饱暖思淫欲的反应。很多人挣钱的动力足，是因为他更想要花钱的感觉爽。这食色两者相反相成，构成了人所有动力的核心两极，阴极是食，阳极是色。

一个家庭能够稳定和谐，就是这阴阳两极在平衡发展。一个团队能够和谐发展，也一定是因为管理者把握好了这阴阳两极的运转。

当员工的工资达到一定水平，能够满足他们家庭的一般需要时，不能忘记构建有趣的团队文化。当团队文化构建运行得如火如荼时，不能忘记了动员大家去奋斗拼搏。

只有这两极充分、和谐地被调动起来时，团队这个太极才能加速运行，业绩才能显著提高。如果任何一者被调动得过高，另一者跟不上，就会出现阴阳不调的症状。

比如，很多公司用金钱刺激过度，就会出现情感凝聚力下降，整体急功近利，离心离德现象严重。

或者只重视员工的快乐，而做不到充分盈利，就会出现快乐无法持久，最终还是难逃失败的命运。

让团队快乐而幸福地工作，是管理者最好的追求。而负阴抱阳充气以为和，才是管理者毕生修炼的管理之道。

食色性也，阴阳之道也。老子说："谷神不死，是谓玄牝，玄牝之门，是谓天地根。绵绵若存，用之不勤。"

《道德经》第六章中的谷神，就是食，玄牝就是色。食物不绝，才能生生不息。食物不灭，我们才能快乐幸福地活着。

管理是为他人谋幸福的职业，管理者不同于员工，我们要以服务他人作为自己的幸福。

什么是兼济天下？兼济天下就是服务于天下人的食色。

众妙之门

管理学中有一扇众妙之门，谁如果推开了它，谁就将爱上管理。

多数管理者做管理，只是为了责任的完成和挣钱养家。这样的管理者，是一般的管理者。为什么他不能爱上管理？因为他没有推开众妙之门。

《道德经》第一章有云："道可道，非常道；名可名，非常名。无名，天地之始；有名，万物之母。故常无欲，以观其妙；常有欲，以观其徼。此两者，同出而异名，同谓之玄。玄之又玄，众妙之门。"

从第一章里我们看到了众妙之门，那么怎么推开工作、生活中那扇众妙之门呢？

首先要在人与事中发现奥妙，然后感悟这个奥妙背后的道理。观其妙结合观其徼，不断推进深入，不断切磋琢磨，就会渐渐推开无穷奥妙的门。

例如，桌子上放着一杯水，通过这个画面有什么样的管理之道可感悟呢？

古人说，云在青天水在瓶，其实说的何尝不是管理呢？任何事物都通于任何事物的道理。水自己不用刻意守住固定的形态，而杯子却拥有着相对稳定的形态，一者是无固定形态，一者是有固定形态，两者结合，称之为有无相生。管理的规则是有固定形态的法则，管理的智慧应用是无固定形态的大道，两者结合，才能以无限使用有限。一个水杯不用天天换，但杯中水却要勤换勤动。管理规则不能朝令夕改，管理者的智慧应用却可能变化万千。

这就是通过一杯水的取法，并将其应用到管理学中所获得的日常感悟。学会了观其妙，结合观其徼，再加以日常切磋琢磨，才能推开管理学的众妙之门。推开了众妙之门，才能爱上管理，甚至可以为管理学著书立说。

在生活中也应如此，切不可经常错过打动我们的瞬间，凡是让我们特别有感觉的，都属于妙，哪怕是让我们悲伤的点，失落的点，快乐的点，幸福的点，感兴趣的或者特别不感兴趣的，都可以让我们静下心来，品味取法。只有在万物万事中，都能学以致用，才能做到爱上管理。

如果能够把我们每天的感悟，分享给我们的同事、朋友，大家一起共同学习、讨论，就更有利于整个团队的发展。

任何大智慧都来自点滴积累，无厚积无以持久薄发。古老的智慧，虽然只是一阴一阳谓之道，但若想将此道运用得微妙玄通，就需要我们爱上感悟。清静的感悟是人生特别美好的享受，所谓修身养性，也是修炼一个人在安静中品味生活，在生活中修炼智慧，在智慧中服务他人，在服务他人中幸福自己的能力。

传道、授业、解惑

　　管理者的更高追求，应该是传道授业解惑。

　　古代的文人士大夫，都是管理者，同时他们也是很好的老师。

　　为什么管理者要传道授业解惑？不传道，就无以志同道合；不授业，就无以做好经营；不解惑，就无以奋发向上。

　　其实管理者的工作重心，都在于传道授业解惑。

　　那么问题来了，管理者该如何更好地传道授业解惑呢？

首先要重视这三者，一是道德引领，二是术业专攻，三是解决烦恼。

第一，日常的道德引领工作。

在日常管理工作中，一旦发现有些人存在不道德行为，就要把它记下来，在会议中或共同学习中，不点名指正。发现道德表现好的，要在会议和共同学习中，不点名表扬。只有奖罚分明，团队才能保持高度的道德自律。

第二，术业精进专攻。

在日常管理工作中，多去发现成员所擅长、偏爱的术业，将合适的人放在合适的岗位上，然后鼓励他们在术业上提高、进步，让术业精通的带领术业不精通的，让全员充分认识到术业专攻的重要性，只有术业精通的团队，才是能落实好服务的团队。对于术业较差的成员，可以通过调岗等方式予以合理安排，别让懒惰的人影响了团队学术精进的氛围。

第三，烦恼时时解决。

人生只有烦恼少的时候，动力才是最足的。解决成员烦恼问题，绝对是一件大事，不重视成员的烦恼，就等于对成员缺少关怀。

想人民之所想，急人民之所急，是我党的执政智慧。

在日常管理工作中，要关注成员的情绪问题。只要我们能把解决成员烦恼做到位，他们回报给我们的就除了爱戴，还有持之以恒的奋斗。如何收服人心？解决他的烦恼，或者给他更好的条件。

传道授业解惑，是古来师者和管理者共同的使命。生在中华，长在如此博大精深的文化土壤上，如果不能茁壮生长我们的精神，就不可能给他人带来智慧的荫凉。

前人栽下了智慧树，我们乘凉，然后我们长成智慧树，让别人乘凉。就这样一代代的华夏子孙，前赴后继地开创了我们的文明之路，路的两侧古木参天，也荫及后世子孙。

传道授业解惑，是一刻不该停止的生命之水，它所浇灌的是智慧之树，它所盛开的是文明之花。在实现伟大复兴的征程上，每个管理者，都应以传道授业解惑为使命，当好这一任领导，留下一地荫凉，让我们的后辈，在炎热躁动的时代洪流里，能够享受清静和谐的幸福。

　　传道授业解惑，是关注到人生命全程的工作，没有人不需要正确的道理，没有人不喜欢精通的技艺，也没有人不偏爱无惑的人生。

　　关怀到人的全部，就是要关怀到人每天的需要。有道有业有自在的人生如何实现？需要管理者负起责任来，做一个员工的好老师，做一个关怀人最整体的管理者。

道法自然

如何工作最不累？如何生活最少烦恼？如何面对任何挑战还可以云淡风轻？

答案是道法自然。什么是道法自然？道法自然是指大道整体运行自由自在，大道所做的就是它所愿意做的，大道所面临的都在它的规划方向之中。

八小时的工作，为什么有的人特别疲惫，而有的人特别轻松愉快？就是因为疲惫的人，通常他所做的事不是他想要做的，他所想要做的不在当下。

求不可得，是所有烦恼的根源。道法自然告诉我们，只有愿意去做当下的事，才能轻松做好，不然都是不自在、不自然的。

不自然就会刻意，刻意就会更累。懂得了道法自然的道理，那么只要我们决定做一件事，就只有热爱它这一条路是最好的路。

一定要去做的事，就要热爱投入地去完成。这就是道法自然，只有这样我们的人生才能处处有自在，时时有成就感。

自然就是不极端，阴阳运转出现了极端对立，是不可能感到自然自在的。比如怎么识别一个人说的话是真是假？答案是看他自然不自然。只要他出现了刻意或掩饰，就一定有假。

再会表演的人，也做不到真正的自然而然。就是因为演的不是本我，而本我自然流露才是真实。

只有自然状态可以持之以恒。两个年轻人在恋爱时，表现得浪漫多情，一旦结婚后便展露了自然的性情，导致很多人说婚姻是爱情的坟墓。其实如果两个人从开始就把自己自然而然的状态表露出来，无论对方接受不接受，都是一种真实待人的品德。

自然是不假，自然是不惑，自然是不过度，自然是不刻意，自然是自在而为，自然是天地运行最整体的长久状态。

在自然状态下管理团队，也要帮团队成员去除刻意，去除困惑，去除过度。只有做到彼此自在自然，整个团队才能得到真正的自在。

如果领导人时时处处刻意而为，如果领导人时时处处彰显自己的功德，整个团队就会越来越不自在。

团队就像人体，管理者相当于头脑，头脑都不能自然而然，身体的手足又怎么可能自然而为呢？

是什么让我们心灵疲惫？是不自在，是极端，是没有做到顺其自然，这才是让我们不断烦恼和身心疲惫的。

对顺其自然的理解，分为两个维度：第一维，叫作自在地去做为；第二维，叫作顺其整体要求而为。

这就是说，人生只做两维对的事，第一类是顺着自我自在地去做事；第二维是顺应整体需求去做事。这两维结合在一起，缺一标准而不可，能做到顺应整体需求自在而为的，叫作顺其自然大道而为。

人要么活在家庭中，要么活在团队中，要么活在社会交往中，只有懂得顺应所在整体需要，又能自在而为的人，才能到哪里都是自然自在的。就像水一样，都不用争求表现任何形状，你是瓶子的整体，我就顺应你成了瓶子的形状，你是池塘的形状，我就顺应你填满了池塘。

以服务他人为幸福的人，都不需要争什么，就能处处成就自己，这就是顺其自然，这就是道法自然。

上德不德

老子说："上德不德，是以有德；下德不失德，是以无德。"

什么样的人爱炫富？内心贫穷的人。

什么样的人喜欢别人夸赞？内心不够强大的人。

所以真正有德的人，不会处处显耀自己有德。就像每个人身边都不缺空气，所以我们也没有人炫耀自己有空气可呼吸一样。

中国自古以来就提倡，做好事不留名，究其根本原因就在于，一个人像雷锋一样爱做好事，根本就不是为了留名。如果一个人做好事是为了出名，那么他内心热爱的就不是做好事，而是热爱出名。

管理者不得不认识这样的道理，因为更高的地位，最应该匹配的原则就是有德者居之，不然就叫作德不配位。

什么是有德？抱一知二修三到了顺其自然的程度，就能做到有德。

什么是无德？处处显示自己的好，不是为了服务他人，而是为了成就自己的利益，就是无德。

有德之人其实就是有道之人。

得道之人认为天下人是一个整体，有德之人也就不会有什么优越感，他们表现出更多的是对弱者的同情和关怀。

不以为自己有德是有德的境界，不以为自己聪明是智慧的境界，不以为自己更贵重是真正可贵的品德。

真正拥有的不用争也不用求，比如自在，不是靠刻意争和求得来的才是真自在。

自在管理，就是有德管理，不争之德，便是上德的状态。

不用再自以为是的时候，你已经是了，比如我们不用提醒自己是人，因为我们本来就人性自足。

人生在世，唯一长随我们不离去的，其实是我们的内在智慧能力。

为什么古人特别重视道德？因为一个人只要拥有了道德，就等于拥有了智慧能力和爱的能力，达到了和谐自在的状态。这种能力状态，称为得道或有德。

老子说："道生之，德蓄之，势成之，物形之。"

任何事物都是因为大道而生，又因为从于道而有德，又因为有德而成势，又因为成势而有形。

老子说："万物无不尊道而贵德，而人好径。"

意思是除了人的其他生命，都生活在自然而然不过度的状态之中，而人喜欢走小路，这就是人的特征，人是最好奇的动物，人也最会出奇，这种奇的特征成就了人的强大，也给人带来了无尽的烦恼和危险。

人是万物之灵长，老子说："域间有四大，道大，天大，地大，人亦大。"人作为万物的灵长，如果无德，众生都可能身受其害。

同样，一个管理者如果无德，团队成员也会身受其害。

尊道而贵德，从老子明确提出，一直到今天，依然是中国人一生追求的美好品质。

而上德不德，做好事不留名的美德，是否能够深入每个管理者的内心，小处说决定了一个团队的幸福，大了说决定着一个国家的前途。

立天地之心

"为天地立心，为生民立命，为往圣继绝学，为万世开太平。"

这一章是从张载的话来谈管理者的人生智慧。

第一句，为天地立心。

为天地立心，就是立心于兼济天下。

从长久看，一个人做管理为什么做不好？最主要的原因是没有无私的爱。没有大爱就不能做到公平正义，不能公平正义就不能做好管理。

天下为公，是管理者必须拥抱的情怀。习总书记说："我将无我，不负人民。"就是要用最无私的爱，来做好一个大国的领导人。

这就是古人说的，为天地立心。只有为天地立心，才能有一份大爱，只有以身为团队整体，才能做好一个管理者。

第二句，为生民立命。

我们党的宗旨是为人民服务，为人民服务就是做好一切事业的初心，不断更好地为人民服务，是管理者永恒的使命。

管理者一定要不断提高为人民服务的能力，就像一个人要修身齐家治国平天下，其核心目的，就是为更多人民服务一样。古往今来，正确的人生智慧都是一样的。从《道德经》到张载，从修齐治平的理念到共产党人的宗旨，我们民族从未改变的道德观，已经教给了我们，如何做一个合格的管理者了。

第三句，为往圣继绝学。

为往圣继绝学，就是要执古之道以御今之有。要学习传统文化精髓，将其用于管理自己和管理团队。

一个人如果只是普通员工，他可以没有大智慧，但一个肩负着更多人生活、工作需求重担的管理者，是必须不断提升自己智慧的，因为管理者要对自己员工美好的人生负责。

一个好的管理者，就像是古代的父母官，要想做好一任父母官，就必须拥有一定的智慧和爱心。而纵观几千年的人生智慧，作为管理者，要时刻谨记的，我个人觉得应该是老子所言的"三宝"：一曰慈，二曰俭，三曰不敢为天下先（不舍其后而为先）。

第四句，为万世开太平。

为万世开太平，放在今天，就是团结在党中央的周围，紧跟复兴的脚步和大势，奋发图强，为强我中华、复兴华夏，做出我们的一份努力。

而对于一个团队来说，就是要从振兴我们自己开始。培养生生不息的人才，永远都是特别重要的，会教育后辈，会分享智慧和大爱，对于一个管理者也尤为重要。

在一个团队中，经常被我们忽略的，往往正是这句：为万世开太平。

一个团队如何才能够长久太平？一定是管理者不断地教练团队成员，充分地分享，只有这样才能完善与统一思想，统一意志，统一行动。

而"三统一"的日常建设，就是从言传身教的点点滴滴中积累而来。

通过张载的几句至理名言，我们窥见了中国文化不变的传承，也看到了祖先对我们的殷切希望，作为他们的后人和传承人，我们有责任有义务，领会他们的智慧，传承他们的美德。

为天地立心，为生民立命，为往圣继绝学，为万世开太平。这些如果能够被我们理解成每个人的初心使命，我相信我们就会渐渐修养成为一个德配其位的管理者。

向最高处立心，就算这一生我们只做到了七分，也算不辜负我们的初心和使命。

管理者的发心一定要高远，就像共产党的追求——

解放全人类劳苦大众。

　　人生不只有眼前的苟且，更应该有为他人而奋斗的诗和远方。

逆水修身，顺水修心

　　每一天，每一个管理者都面对着阴晴变化，顺心的或不顺心的事，不断发生在我们身边。

　　管理者就像划着一条小船，在逆水的激流中加速修行管理能力，顺水推舟时则修养了自己的心情。

　　逆境修身，顺境修心，应该是管理者面对顺境逆境时最好的应对策略。

　　如何在逆境中更好地修身呢？

　　想要在逆境中迅速增强本领，首先要有的意识是，所有的逆境都可能成就我们更强的能力。逆境就是阴霾，逆境就是痛苦，逆境就是看不见希望，逆境就是无助、悲哀，在逆境状态中，唯有对自己和团队深信不疑，唯有对明天拥有执着的自信，才能以最快的速度走出心态的极端失落。不能带领团队走出阴霾的心态，就很难修炼到团队的应变能力。

逆境能够成就成长，这在于管理者如何引领。

当初党内很多人怀疑红旗还能打多久的时候，毛主席写下了《星星之火，可以燎原》。这篇文字，对鼓舞士气起到了很大的作用，转化了党内将士的心态，点燃了团队的希望。

逆境中的乐观精神尤其重要，因为逆境就是阴霾，和谐阴霾需要更多的阳光。

逆境中最好去修炼打硬仗的本领，顺境中正是安静修心的好时光。

顺境就是平安无大事的时候，这样的日子是平常的，甚至很多人认为顺境是有些无聊的。在顺境之中，顺风顺水的小船划起来轻松自在，此时应该动员团队，去学习、进步。

顺境不学习，逆境抱佛脚，往往就会措手不及。

在团队的生存与发展中，除了逆境大体就是顺境，掌握逆境修身、顺境修心之道，就把握住了所有的时间。不让时光虚度，让我们团队有正确的事做，是团结所有人最有效的方式。

顺境中夯实团队道德修养，顺境中深化术业专攻，顺境中同描更大的理想，顺境中共同走向广阔的征程。

如果逆境来临，只要顺境中修心做得好，逆境中就更有力量去化危为机，化阴霾为阳光，化失落为希望。

人生更是如此，每一天的阴晴变化都是修行，每一点的风吹草动都是机缘，都是走向更好的机缘，都是提高能力的机缘，也都是快乐幸福的机缘。

健康之道

　　很多人不懂得，想拥有美好的人生，需要我们修炼的竟然是，最简单的健康之道。这样带来的后果便是，只懂得一些身体健康的知识，而不懂得精神健康的大道；只懂得家庭健康的方式，而不懂得团队健康的法则。其造成的后果就是，精神的不健康影响了身体，团队的不健康影响了生活。今天我们就来认知一下古人眼中的健康本义，和圣贤心中的健康大道。在这个追求大健康的时代，如何修行大健康，就是今天的主要话题。

什么是健康？

健，就是不断建设的理念和能力。康，就是不断取其精华、去其糟粕的理念和能力。古代圣贤对健康理念的认知，正如孔子在《易经》"象传"里写的："天行健，君子以自强不息。"这是孔子对"健"的理解；"地势坤，君子以厚德载物。"这是孔子对"康"的理念。所以在孔子的乾坤观里，天行健代表不断创新发展，地势坤代表不断和谐修正。也正如老子提出的："合抱之木，生于毫末；九层之台，起于累土；千里之行，始于足下。"意思是人生要不断一点点地规划建设，一步步有目标地行走，一点点有理想地生长。而老子的守正思想正是他对"康"的核心理念最好的表达，叫以正治国，以奇用兵。

健康可以分成四个维度去理解——个人健康（身体健康，精神健康）、家庭健康、团队健康、社会健康。这四个维度的和谐健康是我们每个人美好生活的基础，失去了任何一个维度的健康，我们的美好生活都将面临严重挑战。所以维护和修正这四个维度的健康，就是人生的修炼之路。

我们该如何用简单的理念，全面地修行四个维度的总体健康呢？

答案在古老的《道德经》里。

第一要认知的是"三去"：去甚、去奢、去泰。

比如，过度饮食会不健康，这是过甚；过度管理会不健康，这也叫过甚。过度追求速度和优秀，叫过奢。过度追求安逸，叫过泰。

甚、奢、泰，三种状态都不可以长久停留，要学会这"三去"，以避免极端状态破坏整体健康。

能够在个人、家庭、团队、社会这四个维度维持整体健康的人，就是德配其位的管理者。

幸福法则

　　幸福是不是固定的东西？

　　是不是达到了很多幸福的目标，就可以永远幸福了呢？

　　幸福不是固定的状态，而应该是由不幸福来觉知幸福，由不快乐去体会快乐，二者是相反相成的。

　　老子说："天下皆知美之为美，斯恶已，皆知善之为善，斯不善已。故有无相生，难易相成，长短相形，高下相倾，音声相和，前后相随。是以圣人处无为之事，行不言之教，万物作焉而不辞，生而不有，为而不恃，功成而弗居。夫惟弗居，是以不去。"

以上是老子在《道德经》第二章中，通过为我们阐述相反相成，告诉我们，解决问题的捷径，都在于相反相成。

故幸福的达成，需要在非幸福中修炼。

修炼在平常中发现美好、发现真善美的能力，这是更幸福生活的真正源泉。

孩子为什么在蜜罐里长大反而觉得不幸福？因为没有体验过相反的不幸福，就不珍惜平常生活。

一切美好的体验，都是相反相成。

洪应明在《菜根谭》里说："静中静非真静，动处静得来，才是性天之真境；乐处乐非真乐，苦中乐得来，才是心体之真机。"这也是相反相成的应用。他又说："欲做精金美玉的人品，定从烈火中煅来；思立掀天揭地的事功，须向薄冰上履过。"也是在讲相反相成的真理观。

所以古人由此得出俭的人生意义，即诸葛亮留给后人的话："静以修身，俭以养德。"在静的不变之中更能知道变化，叫静以修身；在俭中更能品味生活幸福，在少中能得来更多美好，叫俭以养德。

说到这里，幸福的法则是什么呢？

幸福等于认同不幸福的价值，能够欣赏不幸福，从而以苦中也能品味出幸福，再去创新开拓，使更多的不幸福转化为幸福。

最后总结一下，幸福就是不断转化不幸福为幸福的体验，这样的能力叫作幸福能力，这样的懂得，叫作知道幸福。

作为一个管理者，如果自己都不懂得幸福之道，又如何带领整个团队走向幸福的人生呢？把这样的幸福法则传递给更多人，也是功德无量的事。

管理者应该是老师，老师想要带好学生，自己就要先学会，学会幸福就是不断转化不幸福为幸福，拥有这样的能力之后，做什么事都可以乐观、积极地面对。

无中生有

《道德经》有言："有之以为利，无之以为用。"

建造一个房屋，看得见摸得着的部分叫作有，看不见摸不着的空间叫作无，有是被利用的一方，无是利用有的一方。就好比阳是被阴使用的有，阴是使用阳的无。

无中生有，这四个字揭示了万物万事的奥秘。

古人说："劳心者治人，劳力者治于人。"意思是善于用心的人管理善于用身体的人。为什么是这样的呢？因为无使用天下的有，天下的有是天下的无呈现的形式。

没有人能直接用眼睛看见规律，人能看见的都是有，包括有限的形象、有限的声音，等等。

一个团队真正重要的是什么？从具体瞬间上看，最重要的似乎是有形的资本，似乎是有形的市场，但从整体长久上看，最重要的却是无形的道德、无形的文化、无形的能力、无形的内在发心。

所以企业想要长久生存与发展，最重要的一定是团队成员的认知，一定是团队成员的思想意志。只有这个无形的基础打好了，才能在这个无形的基础上，去更好地使用所有有形的资源。

人的心灵看不见摸不着，可以称其为无；人的肉体有影有形，可以称之为有。每个人的身体行动，都是被心灵使用的工具，这就是无中生有的道理。无中可以变化出无数的有，叫作无中生有。

懂得了无中生有，就懂得了管理学的最高境界，在于管理者能否通过有形看到无形的能力，在于管理者能否透过表象看到无形的规律。

一个人说他渴望成功，按照无中生有规律，其实他渴望的是成功给他带来的无限享受。

人最爱的其实不是某个具体的有，而是无数的有，人最爱的是无中生妙有，无中生万有。

什么是无中生妙有呢？人对艺术的喜爱，对灵感的追求，对爱情的向往，都属于喜欢无中生妙有范筹。

而人对事业的追求，对成功的追求，对富有的追求，对更多更高更强的追求，都是对无中生万有的追求。

能够抓住形而上的无，就抓住了生有的根本。对于人而言，那个无，就是能力。

达成幸福是种能力，君子爱财取之有道是种能力，善贷且成是种能力，实现快乐是种能力，管理是种能力。这个能力无影无形，通过它却可以把握一切形态，从而实现自己所要的。

看清了人具备"无"那个能力，就是看清了他的特征，那个能力叫作三，叫作负阴抱阳充气以为和，无就是万事万物都具有的阴阳相生的能力。人与人之所以有所差别，就是因为那个三（和谐阴阳能力）的差别。

修炼三的能力，就是提高灵魂修养的根本能力。

管理者的智慧提高，其实就是提高那个无（三）的能力。

懂得了无中生有，就明白了把握所有事物的根本，认识它的和谐能力，把握和利用它的和谐能力。

无中生万有，叫三生万物。

有无相生

我们使用任何东西，都是通过有无相生来完成的。比如使用眼睛看颜色，眼睛是有，外面的颜色是有，眼睛与颜色完美的匹配能力叫作无。这就是形而上与形而下的结合。

我们之所以觉得世界无趣，是因为我们只看到了世界的有，看不到有背后那个使用有的无。

通过有深入到对无的认识，我们叫作发现规律。

无就是那个奥妙无穷的道，万物变化都是因为那个看不见摸不着的道在使用、在运作。

能够觉知到无的能力，叫见道。比如，我们读一首诗："日照香炉生紫烟，遥看瀑布挂前川。飞流直下三千尺，疑是银河落九天。"

文字直接呈现的感觉叫作有，李白的把握阴阳的能力作做无。如果我们想学习李白写诗，就一定要透过文字的有，去体会他的那个核心操作能力，即他是如何把握阴阳变化的。

看一个人要看他的无，才能知道如何跟他打交道更和谐。看一件事要看它的无，才知道这件事来自何方，会形成什么影响。

看一个团队要透过看得见摸得着的有，发现它看不见摸不着的无，那个无就是团队的气质，那个无就是团队目前的内在能力状态。

如果管理者个能通过有形的世界，去见到无形的运转规律，就很难把握与应对变化莫测的一切。

在日常生活中，一定要勤加修炼，修炼从有中见无的本领，那个无是有的根本，那个无是变化的原因。

有是阳性的，无是阴性的；有是显性的，无是隐性的。能够透过阳性明显的，见到阴性隐藏的，叫作知二，能够把握好二的运行，叫作修三。

对大道最简单的理解，就是把道分成一二三来理解。

老子说："道生一，一生二，二生三，三生万物。"就是用一二三去理解大道。一是天下的所有那个整体，也指阴阳的整体；二是阴阳两个方面；三是运行阴阳的看不见摸不着的能力。三生万物指的是，万物的形成，都是因为那个能力的运用。

和一个人相处，相处的对象除了对方有形的部分，更是和他无形的能力在相处。

有人管这个三的能力叫个性，有人管它叫性格，有人管它叫天赋，有人管它叫灵魂。

认识到三，才算真正认识到一个人稳定的能力。

管理者如果能够透过人的眼神、举止、言语或声音，觉知到那个能力的格局或边界，就拥有了识人用人的本领。

　　管理者如果能够在所有事件中，找到事件背后的三的操作方法，就拥有了识事用事的本领。

　　这两个本领拥有了，世间还有什么是难以把握的呢？

管 理 之 道

第六章

管理思想之道

中西合璧

中国传统文化擅长于整体长久的把握，西方当代文明擅长于具体瞬间的应用。擅长于整体长久的把握称为擅长阴柔，擅长瞬间具体的精准实现称为擅长阳刚。

中西文化本身存在的对立统一，正是阳阴二气的相反相成。

中医擅长整体长久辨证施治，西医擅长具体瞬间定位诊疗。中国国学讲的是感悟，西方学问讲的是逻辑。

中国的感悟讲的是把握矛盾的两个方面，西方的逻辑讲的是不能出现矛盾。

作为一名中国的管理者，一定要内用中国智慧，外用西方方法方式，这样才能通达于整体、具体，把握瞬间、长久。

从师夷长技以制夷，到今天国人已经全面掌握了西方学问，百年时光，让今天的中国成为世界上集大成文化的持有者。

我们之所以必然能够复兴，文化的强大首当其冲。作为中国文化的传承人，每个管理者都不得不知的是，只有中西合璧才是必经之路，只有善用阴阳两极，才能成就更好的未来。

世间的存在，没有哪两者是绝对对立的，中西文明的注定融合，科学与人生智慧的充分互补，都发生在古老而年轻的中国。

我们凭什么说自己是一名堂堂正正的中国人？不是凭肤色，不是凭居住地，不是凭周围人的认定。中国人之所以永远是中国人，因为我们的内心装着古老的道德，更装着中国智慧。

如今的中国人，可以从文化偏爱上分成三派，一派是推崇国学的，一派是推崇西学的，还有一派是推崇中西合璧的。

很多推崇国学的会排斥推崇西学的，他们往往只看到了对立，看不到统一。

通常推崇国学智慧的人，对西方的方法不屑一顾；推崇西学的人，又对国学不以为然。

如果仅仅看到中西文化的巨大不同，却看不到中西文化的阴阳互补，便很难和谐相处。

中西合璧是正确的结合，就像男女结合一样，求同存异是最好的路。

但是这里有个主次关系，身为中国管理者，一定要以国学智慧为主，在这个主的基础上去使用西方科学，而不能反过来。

我们的灵魂属于中国，我们心中的智慧，应该是中国智慧。用中国智慧去使用西方的科学技术；用中国管理理念去结合西方的规划规则，是这一代管理者该完成的中西融合任务。

目前，中国管理者最缺少的，是古老的中国智慧的指引。所以学习大道，恰逢其时。用整体观把握具体，用长久观把握瞬间，用中国一阴一阳谓之道的理念，去理解与运用天下所有的文化，是中国人共同的使命。

阴阳必将融合，中西合璧中为本西为用，是把握所有文化总体的指导思想。

为人做事三和谐

管理之道也就是和谐之道，修炼和谐能力，是修炼一个人的根本能力。下面介绍一下和谐之道的三个维度修炼。

第一个重要维度，是心态的和谐。

心态的和谐把握，关键在于知阳守阴。就是说，只要内心的感觉极端不自在，比如感觉极端阴霾，感觉极端兴奋，感觉极端纷乱，或感觉极端忙碌，等等，都要用相反之道来和谐极端感觉。"不畏浮云遮望眼，只缘身在最高层。"这两句诗，便是心态和谐修炼的经典案例——当感觉眼前迷茫的时候，要用跳出眼前的高瞻远瞩来和谐极端迷茫。

这样的把握方式，便是心态和谐修炼的根本把握方式。知阳守阴，用阳来和谐阴的极端，用阴来和谐阳的极端。

第二维度，沟通的和谐修炼。

会指正一个人的基础，是会肯定一个人，这就是正确的沟通态势。将欲取之，必固予之。与人沟通，肯定对方是总体。想指正对方，应该是在两个人关系充分和谐之时，这时才能指正对方的不足，不然就可能无功而成错。指出对方不足的同时，也要指出自己在这方面犯过的过失，这样才更能够和谐整体。我们每一次指正他人，都是与他人共同修正的过程，这叫言传身教，而不是高高在上，颐指气使。

在不破坏和谐沟通的气氛的前提下，去指正过失，去引领对方，是管理者修炼和谐沟通的总原则。

沟通是为了双方达成共识，一个巴掌拍不响，好的沟通是和谐发展，不能一直强调对方不正确，说对方的错误，最好先讲出自己犯过的类似的错误，然后说一下自己是怎么修正的，这样做别人更容易接受。只有能够做到这样的管理者，才是真正懂得和谐之道的管理者。否则虽然指正了下属，却留下了痛苦的隐患。

第三维度，修炼达成目标的和谐。

在团队发展过程中，尤其是在目标大、任务重的奔跑阶段，很多管理者最容易因急而生错。

无论何时何地，和谐和平地处理问题，都是第一重要的修养，而发怒发脾气是不得已而为之。可以发怒，除非万不得已；可以用悲观情绪让团队置之死地而后生，但只能是万不得已的情况。在大多数工作中，心平气和地处理和解决问题，是管理者修为与修养的体现。

对和谐状态的把握，就如同一个国家把握和平的能力，稳定的和谐发展，才是管理者追求的最好状态。

在心态、沟通和达成目标三个维度，如果都能做到与自己和谐相处，与他人和谐相处，与事件和谐相处，我们便已经拥有了突出的和谐能力，而和谐能力的提高，是灵魂智慧的提高。

管理工作，是世界上最需要智慧的工作，管理工作也是世界上最需要和谐能力的工作。

为人做事的和谐修炼，是从古到今在中国这片国土上，从未间断的传承。我们修炼得好了，更要传给其他人，独乐乐不如众乐乐，独和谐不如众和谐。

创业五取法

每个管理者每天都在创业的路上，五取法不可不知。

影响人成功的五大要素：一人、二地、三天、四道、五自然。

老子说，人法地，地法天，天法道，道法自然。

我们通常讲创业，都是主要围绕着出奇制胜，展开思维。而习总书记却说要守正创新，什么是守正创新？正是正道，正是道德，而《道德经》是第一部提出道德核心概念的经典，想要真正了解道的本质、德的价值，就要从《道德经》中吸取智慧。

正道，就是人生的美好之道、社会的美好之道，也是创业者应该了解的美好之道。而一个人来到世界上，一定是先从周围的事物开始了解，这就是人法地，地法天，天法道，道法自然。而对于一个创业者，要了解创业家这类人应该具有的基本素质，要了解如何在你所处的地缘里修行自己的能力，要了解如何建立整体观，要了解什么是不变的成功之道，然后又要能够自然而然地达到成功，这才是创业者要走过的必经之路。

第一，认识人，就是要认识你自己。

知人者智，自知者明。要清楚地认识到自己的特殊性、自己的擅长领域，然后在自己擅长或热爱的领域，去修炼自己的能力，这是创业者首先要做到的，叫作自知之明。很多创业者都是失败于不能准确认识自己的特殊性，就是说，他可能会觉得自己很有能力，但在社会结构中，自己的能力却是一般水平，那就很难做到出类拔萃。

我们要认识一下，什么是创业者最应该具备的能力优势：

一、要有以不变应万变的把握能力；

二、要有不断学习和发现的创造能力；

三、要有准确的识人用人能力；

四、要有良好的人品。

这几种能力如果基本具备，才能去谋划创业，才能有成功的可能。而修炼这几种能力，首先要培养自己正确的三观，要去学习人间正道，要去识人识己，要不断地训练自己和他人的共赢能力。

这些做好了，你才能踏上创业的旅程，才能避免一些轻易的失败。

第二，对地的认知。

任何人去做事，第一要面对的都是自己，第二要面对是具体的地方、具体的平台。对市场的了解、对平台的了解程度，决定了你的瞬间成败。很多人，有特别好的点子和灵感，但如果他自己没有修炼好个人能力，对行业的了解不够彻底，同样会因为具体操作而折戟沉沙。

了解你所处的平台或市场，第一要务，是要深入学习与探索，这通常需要长期的过程，而不是拿过来就能上马。了解了市场，也了解了自己，接着就是要利用自己的资源和智慧，去寻找这个市场最需要你服务的地方，抓准了这个点，你就做到了成功的第二步，你就完成了立业。

第三，对天的认识。

除了对你所要开拓行业的认识，还要了解社会整体的变化走向。如果一个行业没有好的未来，就算短期做得不错，也不会有大的发展。对天的理解，还包括对世界形势的理解和判断。了解了行业的未来，也不能就觉得万事大吉了，那高兴得太早了，因为还有更重要的大道可能没有掌握。

第四，认识美好之道、成功之道。

我们太多创业者，都可以在创业初期小获成功，甚至收获人生第一桶金，但很快就被市场淘汰，这是因为大道的规律在筛选，只要不懂得美好之道、成功之道，都是不道，不道早已。

而美好之道就是成功之道，它的核心理念，是善贷且成，是损有余而补不足。也就是说，我们要不断地善待更多人，为更多人提供更好的服务，只有这样才能一直成就自己的事业，成就自己的发现。所以我们要不断地学习如何让自己更会善待别人，更会爱到别人，这就要了解人性的需要，了解人的热爱，然后才能满足别人、成就自己。

这就要求我们创业者，结合自己的特长，结合自己所处的行业，不断地优化自己的服务，不断升级团队的凝聚力和服务品质，这样才能顺应美好之道，成就更大的事业。人生的修行如逆水行舟，不进则退。我们要坚定这样的理念——只要我们不在进步之中，我们就已经退步了。

最后要懂得的是道法自然。

道法自然，以上的认知和修行，想要能够持久做到，有一个最好的状态，就是自然状态。我们都知道，如果我们做一个事业，每天都有无数烦恼，肯定会感觉疲惫、反感，反感到一定程度，就算再好的事业，也可能做不下去。只有自然而然地走，才能走得最远。

这五取法，包括了创业所遇见的所有维度。人生在世，谁都在这五者影响之中。

深入对人、地、天、道、自然的理解，能让管理者更通达世界与人生。

大道至简

　　世间只有一个正确的道理。从最简单的现象看，地上有一个坑，下雨后里面盈满了水，叫作洼则盈。从人类的两性构成上来看，一男一女谓之阴阳相生，这个阴阳相生，其实也是洼则盈：男人对于女人，男人有所需求，而女人能满足男人的需求；同样，女人有所需，通过男人也能得到满足。

　　万物万事的存在及运行变化，也都是按照这个至简的道理在运行，所以老子说大道至简。

我们理解这个至简的大道，第一步容易，因为它只是一句话或者一种理念，最难的在于要在万千变化之中，抱持这个正确的观察方式，看准变化中的这个道理，按照这个道理去做所有的事。

老子说："我言甚易知，我言甚易行，天下莫能知，天下莫能行。"指的就是，这个道理虽至简，但能够抱着这个道理去修行，却是最难的。

如何做到以不变应万变？首先要深信这个道理的正确，这样才能渐渐做到以不变应万变。

人生如何不惑？在所有事情中，都能够看得清、把握得好，才能无惑。

管理者如何做好管理？抱一而为天下式，才能在做人做事上知道正确的方向。

抱一，知阴阳，修炼负阴抱阳充气以为和，就是正确的管理之道。

这里最难的在于如何应用这个一。比如，一个员工做事总是不认真，哪里是他不认真的根本原因呢？

根据大道至简原则，认真如果是内心比较盈满的表现，那么不认真就是内心缺失的表现，他缺少什么才导致他不能满足地投入做事呢？

答案是缺少对做这件事的热爱，缺少对做这件事的乐趣，缺少做这件事的使命感和责任心，缺少做这件事的认同感。以上这些所有缺少，都是缺少爱，缺少对这件事的爱。

解决这个员工的问题，核心在于管理者能不能让员工爱上做事。这是个大问题，几乎所有的团队都存在这个问题。

从根本上解决这个问题，自古只有一条路，就是抱一的教育，知二的教育，还有修三的能力提升。

抱一的教育，就是要不断贯彻团队的一体观，让员工充分认识到我们是一个彼此相依为命的共同体，做好了这个教育，员工就会更有使命感。

然后是知二的教育，知二就是要让员工懂得，岗位与岗位之间是互补配合的，就像手脚的配合，就像眼睛耳朵的配合，配合的过程叫作阴阳互补。一个环节做不好，就会影响全部。知二的教育做好了，每个人就会更有责任心，知道自己手头工作的重要性——不只是一个人的工资那么简单，而是关系到整体的生存与发展。

如果还能引导员工，养成修炼和谐相处之道的习惯，做事不认真的人就会越来越少，当整体都能积极向上地做事，那些懒惰的人也会被带动得没那么懒惰。

这就是解决问题的根本，也就是从大道至简入手，不然是很难抓住问题的关键的。

祸莫大于轻敌

老子说："祸莫大于轻敌，轻敌几丧吾宝。"

对"轻敌"二字有很多种解读，我觉得"轻敌"二字，意思就是轻易地树立敌人。

当一个人轻易地把另一个人当成敌人的时候，就已经丧失了和谐解决问题的可能。

人与人相处，人与事物相处，不到万不得已，千万不能随便轻易把对方当成敌人。

最有利于彼此两方的解决之道，不是一方消灭一方，而是和谐共赢。

古人连打猎捕鱼都讲究不竭而渔，不焚林而猎。吃鱼可以，不能绝根；打猎可以，要给它们留后代。

这个世界上，我们没有永远的敌人，阴阳二力永远在对抗之中实现着总体和谐，有正义的一方，就有不正义的一方。

身为管理者，我们要做正义的一方，要替天行正道，要做古往今来的正人君子，但就算面对小人，也要在内心不把他当敌人看待，该管教管教他，该惩罚惩罚他，却不是因为恨他。

为了恶人好，才去惩戒他，而不应该是出于恨才惩戒他。

一个得道之人，对人对事，是能够做到常怀大爱之心的。仁者无敌，不能轻易树立敌人。

轻易树立敌人，首先伤害的是自己的心。一个人内心有恨，其实是对自己的惩罚。

管理者如果内心始终光明，他的所作所为就不会有太多的阴谋。就算我们要杀一儆百，也是因为善意，也不应该是公报私仇。

一直对所有的一切心存大爱，是我们修行中人一生去践行的标准。这个标准如果一时没达到，就要一时修，一生没达到，就要一生修。

什么是错误的开始？当我们离开了爱去解决问题的时候，往往错误已经开始了。

老子说："见素抱朴。"

什么是见素？见素是指判断一件事的根据，不能带有感情色彩和个人好恶；什么是抱朴？抱朴是指做一件事一定要带着对生命的关爱。

见素抱朴就是对人认识事理到具体行动的总体指导，即看事的时候抛开个人偏爱，做事的时候带着大爱的关怀。

离开了大爱去做事，等于离开了心灵去追求物质，都是缘木求鱼、得不偿失的。

祸莫大于轻敌，只有心中没有敌人的管理者，才最懂得敌人是什么。

真正的敌人，是我们成就路上不可或缺的力量。大道相反相成，敌人是相反的力量，没有他，又如何有大成呢？

难易相成

老子有言："有无相生，难易相成。"

什么是难易相成？懂得了难易相成有什么用？

比如，有人得了抑郁症，这个病很难治，这就是难，解决这个难该从何处入手呢？答案是，从易处入手。

首先是从最容易做到的道上入手，你给出个解决方案，如果患者长时间做不到，是因为你给的方案太难以施行，第一步就错了。

从易处入手，更是解决难题的思路，一定从至简的大道出发，不能把问题想得太复杂，把握了这两个易的方面，再来看抑郁症这个难题。

根据大道至简原则，抑郁症就是洼却不能充分盈满所导致的失落。解决这个问题，首先要把他想要的过度去掉，要让他远离求不可得，只要他想要的目标一个个能实现，他就充分地运行在洼则盈的规律之中，只要调整道自然运行与洼则盈的尺度，他的病就好了。

当然，要从易处做起，不能求速度过快，不能目标太高，每天改善一点点，日积月累，就可能走出抑郁。

这就是必然的解决方案，能不能做到，取决于引导他的人的引导能力，也取决于患者自身的接受能力和执行意愿度。

管理者解决任何问题，都要用难易相成的方法去理解，去寻找解决问题最容易的根据。执行要容易，原理要至简，这两个方面必须同时考量到，才可能解决天下任何难题。

是至简的大道，运行出了看起来无比复杂的世界。

抓不住至简的道理，就不能保证解决问题的方向正确。

比如很多人每天无精打采，提不起奋斗的激情，也是因为他的需要（洼）不够深，所以他奔向盈满的动力就不够足。想要调动这样的人积极向上，就要找到他的最爱，指给他一个他喜爱的奋斗目标，只要把他要的盈满指出来，并且告诉他如何实现，就可能调动他的积极性。人只愿意为了自己特别热爱的前途奋斗。

天下的所谓难题，如果人类是可以解决的，那一定是从最容易的地方突破，然后从最容易执行的步骤中，一步步去解决的。

拥有了对难易相成的理解，人就会活得越来越轻松，因为从此以后，可能天下的难题，随着我们的修行，会越来越少，越来越容易解决。而那些我们当前注定解决不了的，我们也不会做无谓的折腾。

大道至简，难易相成。想做成任何大事业，都要从最容易的地方入手，从最容易达成的路径走过去，才是我们最好的选择。

高下相倾

《道德经》 第六十六章：

江海所以能为百谷王者，以其善下之，故能为百谷王。是以欲上民，必以言下之；欲先民，必以身后之。是以圣人处上而民不重，处前而民不害。

这一章内容是老子教给管理者的高下相倾的智慧。

山顶有多高，是因为山顶下面所有泥石的支撑。大海有多宽广，是因为众多的溪流江河奔流到海。管理者如果不懂这个道理，就是绝对的无知。

一个人的优秀，是因为很多人的不优秀对比，是那些不优秀的人支撑了你的高度。我们之所以能成为管理者，是因为那些默默无闻的同事，支撑着我们的管理。

善下才能善上，这是典型的相反相成之道。

管理者要善下，善于放下姿态，善于俯首甘为孺子牛，善于把好处让给他人，善于主动承担大任，善于解决最难解决的问题。

能受国之垢，为社稷主。能承受他人所不能承受之苦，就可以担当重任。

管理者这个职业，是需要智慧能力最高的职业，因为作为个体对比，管理者有着如首脑般的重要地位。

高下相倾，就像人的显意识和潜意识的关系，管理者处于显著地位，就相当于人的显意识，显意识呈现阳性，负责指挥人的所有行为。但我们要清楚，没有潜意识的存在，显意识是根本没有立足之地的，人的心跳、血流及各个器官的节律控制，都来自潜意识的运行。

显著的管理者是阳，不显著的被管理者是阴。管理者只有深入地为下面的人着想，守住了下面的人心，才能做好领导人的工作。

当管理者以为自己不同凡响、高高在上的时候，就已经偏离了正道，已经误入歧途了。

为什么全心全意为人民服务是我们的治国理念？因为只有这样的管理者，才拥有着最正确的用心方向。

俯首甘为孺子牛，是善下之道。

管理者在日常工作中，不能失去善下之德，只有善下才能成其大。像江海为什么能够成其大的盈满呢？因为善下则天下聚，居高而舍下则身必亡。

管理者要追求善下而成其上，善下而成其大。不能处处想占便宜，不能时时想显耀自己，会把好处让给下面的人，下面的人才愿意跟随你上刀山下火海。

道理虽简单，做到才算有德。纸上得来终觉浅，绝知此事要躬行。当我们认清了一个道理的正确，接下来就是去实践。不能贯彻执行正确的道理，就等于与美好一次次失之交臂。

学习之道

　　人类所有的学习，都围绕着三个层面展开。

　　第一层面，是向大自然学习，我们管它叫向生态系统学习，这个层面最直接的学以致用方式是，用感悟直接通达应用。比如洼则盈，就是老子看见水坑和水之间的阴阳关系，进而推广到所有维度去应用的案例。

　　第二层面，是向人类文化文明学习，这个层面学习的是人类已经总结出来的，更好的各种做事方式，和更好的各种享受方式。更好的做事方式，叫达事理；更好的享受方式，叫通人情。

第三个层面，是向真理学，这是人类最高端的学习方式，叫作直接学习真理的理解和应用。当然，想学习真理，首先要发现真理。

每个人成年后，基本上都学习了很多知识，比如科学知识和历史知识，等等，但我们很少有人接触过真理的知识。

这本《管理之道》，就是直接向古圣先贤取法，并将其应用于管理学这个门类，力求把古往今来的真理传递给更多的管理者。

没有充分地取法大自然，我们就很难有经验应对风云雪雨和衣食住行所产生的问题；没有充分地学习人类文明文化，我们可能连与人沟通都成大问题。但仅仅学了以上两个层次，还不足以让我们当好一个管理者。

管理者是应该深谋远虑的，管理者是负责全局生存与发展的，管理者的智慧应该是可以正确指导团队全程的，这就需要管理者拥有可以确保大方向不错的判断，和解决问题的正确能力。

正因为如此，管理者才要在根本能力上不断升级。除了像平常人一样要学前两个方面，还要着重修行对真理的认知和实践。

《易经》的核心精义只有一句话：一阴一阳谓之道。老子的《道德经》只讲了一个道理：一阴一阳谓之道。儒家的经典只围绕着一个道理展开：和谐社会，和谐相处，和谐运转。

达到和谐状态，是真理的指引，是中华民族生生不息的内在根据。与人和谐才能与己和谐，与人为善才能与己为善。给人更多美好，自己才能更幸福。这就是和谐的真理观。

学习是为了更和谐地生活在世间，学习是为了更自在地服务他人并服务自己。学习不是为了卖弄自己的知识，学习更不是为了在比较中胜过别人。学习不是为了占别人的便宜，学习只应该是为了和谐发展，人人共赢。

管理者要秉持正确的学习理念，在玩中要学，在生活中要学，在工作中还要学。从看有字人书，到学会读无字天书（万事万物）的过程中，我们会发现，学习本身是最美妙的事，学习使人进步，学习真理的味道特别甜。

管理之道

第七章

管理精髓

大成道法

　　什么是大成道法？大成道法不是舞刀弄枪，不是舞文弄墨，是一花可见一世界，一叶可证一菩提。

　　大成道法，是在任何事物里，都可以无限深入学以致用，只要人有所需，就能在任何事物里，取太上之法，为人所用。

　　比如，团队成员提出发展遇阻这个问题，我们身为管理者，想寻找解决这个问题的灵感，那么根据万事万物本身都可以学以致用的原则，直接取法他的问题本身，也许就能得出解决问题的方法。

他提出的问题是："发展遇阻怎么办？"

什么是发展？发展的必然规律是曲折发展，曲折发展过程就一定遇阻，所以遇阻是必然的，问题在于这个阻碍是长久阻碍还是瞬间阻碍，这个阻碍是具体阻碍还是整体阻碍。

如果是具体瞬间的小阻碍，就秉持杀鸡不必用牛刀原则，不可兴师动众；如果是整体长久阻碍，就一定不能掉以轻心，要上报最高领导，哪怕动用大量人力物力，也要攻克时艰、共渡难关。

这种针对问题本身寻找解决之道的方式，叫作不错过问题根本，它可以保证出发的方向是正确的，不至于南辕北辙或缘木求鱼。

有了就问题本身确定解决问题方向的能力后，就可以随意取法任何事物了，比如在观察这个问题的时候，我们看到窗台上有一盆花，这盆花的生长发展，如果遇见阻碍，它是怎么化解的呢？比如干旱的时候，我们发现只要干旱时节，它不能直接呼风唤雨，就会收紧消耗，用最小的投入保存最多的营养，以渡过眼前的难关。如果到了冬天，面对漫长的寒冷，它通常会减少开枝，落尽树叶，只保住生存基础，用以度过漫长的冬季。这是花朵的防御之道。与此同时，这株植物却也时刻不忘发展，它的根不停地伸向远方，根系会越来越多，以谋求更多的营养，这是它永不言弃的发展精神。

这阴阳两取法，如果取法得好，不但能够给管理者自己带来解决问题的灵感，还能引领更多人共同感悟、学以致用。

大成道法，是解读万事万物的智慧，是向一切随时学以致用的学问。用好了大成道法，就算我们一年不读一本书，却是天天在读一本最好的书——无字天书。

怀抱天下

越是会学，就越是会用，越是会学，就越是懂得欣赏一切。当你觉得一切都可学可用的时候，世界就会变得无比精彩。当你发现了无比奇妙、精彩的一切时，你自然会怀抱天下。

一个孩子，为什么他每天特别爱到处探索？一个老人，为什么他通常没有活力？

根本原因在于，对于孩子而言，世界是崭新的存在，而对于老人而言，世界上的现象已经见惯不惊了。

对于我们修行大道之人，世界永远都是探索不完的，世界永远都藏着无穷奥秘，就等着我们去学以致用。

当一个孩子慢慢长大，这个世界的表象对于他而言，就会越来越见惯不惊，所以今天就出现越来越多的佛系青年，也出现了很多觉得世界很无聊的人。

这些人之所以觉得世事无聊，就是因为他们没有学会感悟，没有学会静观其阴阳变化，没有学会在万事万物中取法用法。

怀抱天下才能行遍四海、到处花开，学会感悟一切，才能到处一花见一世界，一叶证得一智慧。

特别悲哀的一件事是，很多人有钱有闲，就是得不到充分的幸福快乐。

人生于天下，住在天下，行于天下，幸福快乐在天下。

尤论你想要美好的爱情，还是美好的事业，都不能不与天下事物和人相处。所以能够探索万事万物，并能够与其和谐相处、学以致用，就是第一重要的事业。

《易经》是认识天下的学问；《道德经》是解释天

下一切的学问；《论语》是教我们和谐相处的学问。

古老的国学智慧，就是以兼济天下为终极追求的智慧。

身为管理者，如果没有怀抱天下人与事的情怀，就不可能和谐所遇，就不可能通达所有。

就算我们的大我大爱修行总是在路上，可只有这一个方向，是最正确的人生方向。

几千年的祖先教诲，无数先烈的舍生忘死，都是为了让我们和谐、美好、自在地活在人间。

管理者身担传道授业解惑之责，要有为天地立心的高度，要有为生民立命的决心，要有为往圣继绝学的使命，要有为万世开太平的抱负。什么是最大的抱负？负阴抱阳，让天下以为和。

万法归一

众说纷纭的世界，太多管理者找不到把握一切的道理。知识碎片化的时代，真理渐渐蒙尘。

当我们把这个世界分割着理解的时候，虽然我们得到了无数的知识和具体的经验，但渐渐我们就会发现，很多知识是不通达的，很多经验是经不起变化考验的。

西方的知识每隔十年二十年，就要变化升级。而中国智慧，历经几千年承传不改。

这说明了真正通达的智慧在中国，而具体瞬间有效果的方式方法，可以从西方借鉴。

用中国智慧作为管理的核心智慧，才是最正确的选择，西方方式方法，只能在中国智慧的把握下，才能权衡使用，不然很可能酿成大错。

一阴一阳谓之道，是传道授业解惑的根本认知，是把握天下知识经验的根本标准，是指导团队发展进步的基本法则。

万法归一，这个一就是道。无论我们见到何种方式方法，都要用大道来衡量它是否正确，衡量它是否极端，衡量它是否有利于整体长久。

万法归一，才能不割裂人与人的和谐；万法归一，才能不割裂人与事的和谐；万法归一，才能不割裂认知与行为的自在；万法归一，才能不割裂人与大自然的和谐相处。

生在拥有着真理文化的国度，却总说世界没有真理的人们，是不是有愧于脚下的土地？是不是应当自惭没有学懂祖先的智慧？

人生一世，身为团队的领导，如果连我们自己都不知真理为何物，又用什么带领大家走向美好的未来？

抱一，识二，修三，用三的能力去和谐万物，就是《道德经》传递给领导者的真理。

一生二，二生三，三生万物，万物负阴抱阳充气以为和。这句话全面地总结了宇宙人生总的运行原理，它就是老子对道的认知和总结。

正因为他言道五千，才有了后世的文有文道，武有武道，茶有茶道，书法有书法之道，天有天道，人有人道，学有学道，幸福有幸福之道。

万法之宗，只是一法，这一法便是一阴一阳谓之道。

道可道，非恒道

　　无数人想用一天就解决所有问题；无数人想得到一个东西然后躺等幸福到永远。

　　道可道，非恒道。

　　这个世界是统一的矛盾，是统一的阴阳，是永远会存在对立统一两个方面的。没有人一天会解决所有问题，也不会有人到一个地方就永远幸福，更不会遇见了一个人就达到了极乐。

　　幸福在路上，快乐在路上，人生在路上，道可道也在路上。

这条路叫真理之路，这条路也叫阴阳相生之路。

如果我们明天不再有问题等待解决，那真的是好事吗？

如果我们今天已探索尽了所有，明天我们干什么？

学习的过程本身是可以无限美好的，解决问题的过程本身是可以感受到快乐幸福的。

这个世界本身什么都不缺，感觉缺失的是个体，正是因为我们感觉到了缺失，才有了追求，才有了进步，才有了无数精彩，才有了人与人的合作、人与事的合作、人与一切的合作。

创新是可以有趣的，管理是可以美妙的，但要投入于发现，投入于不断学以致用之中。

道可道，非恒道。道是可以说的，也是可以教的，更是可以传的，但却是永远说不尽的，永远教不全的，永远传不完的。因为师傅领进门，修行在个人。

再好的老师也不能说尽内心的全部，再好的学生也不能复制一个老师，将其做成自己。

　　传道就像给我们的人生路上安放的路标，我们看见了正确的路标，路是要靠自己走过去的。

　　没有人可以代替我们吃饭，没有人可以代替我们跑步减肥，也同样没有人可以代替我们修行。

　　道是可以道的，传道要永远传下去，管理要永远做下去，人类要永远活下去，这才是最正确的人生态度。

天人合一

世界上最美妙的感觉，是感觉我与世界成为一体。
人类最伟大、正确的认识，是认识到天人和谐。

古老的天人合一理念，是一种内外合一的理念。比
如眼睛和外面的光合一形成了视觉色彩，耳朵和外面的
声波合一形成了听觉声音。

这个世界离开阴阳的任何一方面，都是不可能存在
的。比如主客观之争，有人说世界是有声有色的，有人
说世界是无声无色的。其实世界上的任何东西，都是阴

阳合一而成的，抛开了眼睛，就不会有颜色这个形象；抛开了听觉，就不会有声音。

就连光波声波，都是它的小我与外面的大我合一而成的。

原子是阴阳两性和合而成，人类是男女两性和合而成。一切个体事物都是阴阳和合而成的。

懂得了这个道理，就会懂得天人合一的真理。

孟子说："万物皆备于我。"很多人不以为然，觉得孟子太自大，其实这是对"万物皆备于我"的误读。这句话的意思是天人一体，是古老思想的一种孟子式的解读而已。如果再加一句，应该是："万物皆备于我，我亦备于万物。"

我们人类都是一体而生、一体而长的。虽然不可避免地要出现对立，出现爱恨情仇，但这正是相反相成的必然过程。

一体之内，必然会存在相反的力量对抗，正是存在着相反的力量，才能彼此在制约中和谐，彼此在不同中协同，彼此在对立中统一，彼此在相反中实现进化。

天人合一，物我合一，关键在于怎么样和谐万物万事。

没有人喜欢被伤害，所以和谐相处就是彼此都能接受的共赢之路。天人合一的理念，教给我们的是，把任何存在首先要看成一体化，只有看到一体化的时候，才能尽最大可能地把握整体，整体和谐的美好才有实现的可能和希望。

一个团队是一个整体，一个人是一个整体，所有人构成的社会是一个整体，天下加我们是一个整体。

想要解决好问题，必须从整体入手，这样才能看清各方的利害，才能协调各方、达成统一共识。以减少伤害的方式，一体化解决问题，就是和谐之道。

管理之道

在最后一节，总结一下我们所说的管理之道。

首先我们向古老的《道德经》学习，老子说，管理之道，应该遵循天之道。天之道，损有余而补不足，天之道……

管理者要顺其自然，管理者要给人自在，管理者要做好老师，管理者要有父母心。这些都是效法最大的整体，天地万物生养了人类，管理者要取法天地的道理，善待我们的员工和客户，才能德配其位。

这是抱一的智慧，把我们和团队成员与客户理解成一个整体，这也是大爱的觉知。

然后是识二的智慧。不能识阴阳，就无法精准服务，所以识阴阳必不可少。懂得阴阳变化，把握阴阳变化，通过阴阳变化实现和谐发展，就是大智慧的修炼。

最后也提出了修三的重要性，修三就是修炼和谐能力。由于这个和谐能力，是人为人处世的根本能力，作为管理者，就更尤为重要。所以在修三内容的讲解中，用了大量笔墨。

以上便是这本书的主旨，即抱一识二修三，这也是我们想通过这本书，分享给更多人的人生感悟。

虽然几万字的作品，不足以道尽心中感悟，也不足以让人直接得道，但就像古人做事，不求完美的当下，只求最好的方向。

写到此处，回望人生，庆幸自己学习了传统文化。世间如此美好，真心希望更多的人，走上正确的修行之路。

我们也以此书，分享给天下同修，有不足之处，还望大家批评指正。

后面的话

推开众妙之门，打开感悟之门。

这是我们多年传道的夙愿。

很多年前，我们与国学经典相逢，那时从未想过，我们也可以写一本关于学习国学的书。

奇妙的修行，奇妙的国学智慧。

万万没想到的是，我们竟然自然而然地做到了。

我们用实证检验了古人的话是正确的：千里之行，始于足下，九层之台，起于垒土，合抱之木，生于毫末。

只要沿着正确的道去走，能力就会日渐提高。虽未必做到三日不见当刮目相看，也能做到三年不见，当另眼相看。

分享了几万字的感悟，有种喜悦油然而生。

喜悦于把想说的话说了，喜悦于把我们喜欢的智慧，分享了出来。

希望读到这段话的朋友，相信祖先留下的智慧。

切记切记，圣贤不诳我。